찰스 램 수필선

찰스 램 수필선

찰스 램 지음 | 김기철 옮김

문예출판사

ESSAYS OF ELIA
Charles Lamb

헌사

우애가 깊고 현명하신 독자 여러분께

이 책에 실은 이야기들을 필자의 뜻 그대로 받아주시되, 모든 것을 심술궂게 문자 그대로의 의미로 이해하지 않으시고, 저녁상을 물리고 나누는 담소처럼 공정한 해석을 붙여주시며, 생각이 떠오르는 대로 적어놓은 무모함과 거기에 필연적으로 따라오는 불완전함을 용서해주시고, 넉 잔 술에 취해 우연히 떠들어댄 헛소리를, 후일에 가서 나무랄 목적으로 꼽아놓고 계시지 않을, 그런 우애가 깊고 현명하신 독자에게 이 글을 바칩니다. 바라건대, 저 자신을 위해 바라는 바지만, 수많은 좋은 친구들이 제 편에 서주고 훌륭한 책들이 저를 위안해주고, 그리고 저의 진실된 모든 일에 대해서는 좋은 결과가 나오고, 저의 엉터리없이 경솔한 언동에 대해서는 솔직한 해석을 내려주시길 바랍니다. 이와는 유(類)가 다른 인사들에게는(그분들 역시 저의 책을 많이 구입해주시길 바라는 바지만) 저 타이몬의 퉁명스러운 초대 인사, "개새끼들아, 뚜껑을 열고 핥아먹어라"[1]로 맞이하겠습니다. 아니면 저 철학자의 자신 있는 안전책을 가지고 그들을 몰아내겠습니다. 즉 "엘리아를 그대들이 때리지만 겉살갗뿐일세."[2]

1822년 12월 7일

차 례

두 가지 인종___9

옛날 교사와 오늘날의 교사___19

나의 첫 연극 관람___34

발렌타인 축일___42

수도에서 거지가 사라지는 것을 한탄함___48

기혼자의 거동에 대한 미혼 남자의 불평___61

오늘날의 신사도___73

귀에 대한 이야기___80

만우절___89

제야(除夜)___96

마녀와 그 밖의 밤의 공포들___109

굴뚝 청소부 예찬___120

식사 전의 기도___133

내 친척___145

하트퍼드셔의 매커리 엔드___156

꿈속의 아이들—백일몽___165

돼지구이를 논함___172

주___184

작품 해설___201

두 가지 인종

내가 아는 가장 권위 있는 학설에 따르면, 인류는 분명히 두 가지 인종으로 이루어져 있다. 즉 '빌리는 자'와 '빌려주는 자'이다. 고트족이라든가 켈트족이라든가, 또는 백인종, 흑인종, 황인종과 같은 당치 않은 분류는 전부 이 본래부터의 두 가지 종류로 줄일 수 있다. 지구상에 사는 모든 사람들, 즉 '파르티아인, 메디아인, 그리고 엘람인'들이 여기 한자리에 모이면, 자연적으로 이 기본적 분류 중 어느 한 가지에 속하고 만다. 내가 '위대한 인종'이라고 부르고자 하는 전자(前者)의 한없는 우월성은 그 생김새, 행동, 그리고 본능적인 군주연(君主然)한 모습으로 알아볼 수 있다. 후자는 태어날 때부터 천덕스럽다. "그는 그 형제의 종들의 종이 되기를 원하노라."[1] 이 인종들의 태도에는 뭔지 개운치 못하고 남을 못 미더워하는 데가 있다. 반면 전자의 태도에는 마음을 탁 터놓고, 남을 믿으며, 너그러운 면이 보인다.

시대를 통틀어 오늘날까지 가장 위대한 '빌리는 자'였던 사람들을 살펴보라—알키비아데스[2]—폴스타프[3]—리처드 스틸 경[4]—지금은 고인이 되고 없는 비길 데 없는 브린슬리[5]—이들 네 사람은 얼마나 한집안 식구처럼 닮은 데가 많은가!

빌리는 사람은 얼마나 그 행동이 만사태평한가! 그 아름다운 장밋빛 살진 턱! 또한 하느님께 얼마나 아름다운 믿음을 나타내고 있는가! 들에 핀 백합처럼 한 점의 근심걱정도 없이! 돈이라는 걸 얼마나 경멸하는가! 그것이 쓰레기라도 되는 양!(특히 당신 돈이나 나의 돈은) 저 '내 것' '네 것'이라고 권위 있는 척하는 구별 같은 걸 얼마나 제멋대로 뒤죽박죽으로 만드는가! 아니 오히려 (툭[6] 이상으로) 얼마나 순화된 언어의 단순화인가! 대립되는 것으로 생각되는 이러한 말들을 변형시켜 하나의 명백하고 알기 쉬운 소유대명사, 즉 '내 것'으로 만들어버리다니! 그는 얼마나 원시 공동사회로 가까이 접근하는 걸까! 적어도 그 원리의 절반 정도 범위까지는 말이다.

그는 "온 세상 모든 사람들에게 세금을 물리는"[7] 진짜 과세자(課稅者)이다. 그리고 그 사람과 '우리' 사이의 거리는 아우구스투스 폐하와 예루살렘에서 쥐꼬리만 한 공물(貢物)을 바치는 찢어지게 가난한 유대인 사이의 거리에 못지않다! 그의 거두어들이는 방법 또한 상당히 명랑하고 자기 마음 내키는 대로인 것이, 환영받지 못할 줄 알고 있는 얼굴을 해가지고 잉크병을 들고 들어오는 퉁명스러운 교구(敎區) 징수원이나 정부의 수금원과는 천양지간이다.

그는 웃음을 띠고 찾아온다. 그리고 영수증 따위를 내놓으며 성가시게 굴지도 않는다. 또 일정한 때에 한해서 찾아오는 것도 아니다. 날마다 성촉절(聖燭節)[8]이며, 성(聖)미카엘의 축제일[9]이다. 그는 당신의 돈주머니에 대고 유쾌한 표정이라는 '가벼운 자극'을 준다. 그러면 그 돈주머니는 마치 해님과 바람이 길손의 외투를 벗기는 내기를 했을 때와도 같이 그 부드러운 훈기(薰氣)로 인해서 극히 자연스럽게 그 비단으로 된 고운 입을 연다! 그 사람이야말로 절대 썰물이 없다는, 바로 프로폰티스 해안이다! 누구의 손에서나 거뜬히 앗아가는 바다. 그 사람의 영광스럽고도 명예로운 과녁이 된 희생자는 아무리 운명과 싸워본들 소용없으니, 이미 그물에 걸리고 만다.

그러니 돈을 빌려주도록 운명을 타고난 자들이여, 기분 좋게 빌려주라. 이 세상 몇푼 돈 때문에 하느님이 약속하신 후세의 보상을 잃지 않도록. 거지 나사로[10]와 부자 디베스를 결합한, 살아서는 거지요, 죽어서는 지옥불에 떨어지는 두 가지 형벌을 그대 한몸에 짊어질 그런 어리석은 짓은 하지 마라! 차라리 이를테면 위세가 당당한 양반이 거동할 때 마중을 나가듯 얼굴에 웃음을 담뿍 담고 그를 영접하라. 자아, 희생을 할 바에는 제대로 하라! 그 사람이 그것을 얼마나 우습게 받아들이는지 보라! 기백이 당당한 적에게는 정중한 대우를 아끼지 말라.

이와 같은 생각은 나의 옛 친구 랠프 비고드 씨의 죽음을 대하고 보니 새삼 떠오를 수밖에 없었다. 그는 수요일 저녁에 눈을 감았는데, 생시와 마찬가지로 별 고통 없이 세상을 떴다. 그는 대대로 이 나라에서 오늘날까지 공작의 작위를 물려받아 위세를 떨쳐온 조상의 이름을 자만했지만, 행동이나 사고방식이 스스로 내세우던 그 가문을 욕되게 하는 일이 없었다.

그는 젊은 시절부터 들어오는 돈이 많았지만, 내가 앞에서 말한 바 있는, '위대한 인종'들이 타고나면서부터 갖게 된다는 귀족적인 무관심으로 말미암아 삽시간에 재산을 죄다 날려버리고 빈털터리 신세가 되고 말았다. 왜냐하면 국왕쯤 돼 가지고 딴주머니를 차고 앉는다는 데는 어딘가 역겨운 구석이 있는데, 비고드의 생각도 어디까지나 국왕다웠다. 이렇게 자기 자신 모든 것을 훌훌 털어버림으로써, 오히려 모든 것을 정리하고, 재산이라는 성가신 짐을 벗어던지고 (누군가가 읊었듯이)

> 미덕이 칭찬받을 만한 무슨 일을 하도록 재촉하기보다는,
> 미덕을 늦추어 그 예리함을 누그러뜨린다.[11]

라는 노래에 한층 알맞은 방식으로, 그는 마치 알렉산드로스 대왕이나 된 듯 '빌리고 또 빌리기 위한' 굉장한 사업에 착수하게 되었다.

그 사람이 이 섬나라를 뺑뺑 돌아 유람하고, 의기양양한 행진을 하는 중에 그 주민들이 열 사람 중 한 사람 꼴로 그에게 기부를 해줬다는 계산이 나온다. 나는 이 계산이 엉터리없이 풍을 친 거라고 배격했는데, 영광스럽게도 그 친구와 이 광대한 도시를 여러 차례 싸돌아다니고 나서야, 우리가 만난 사람들의 엄청난 숫자에 크게 놀랐던 것을 고백해둔다. 왜냐하면 그들은 우리를 만났을 때 일종의 존경심을 내보이며 아는 사이를 자처하고 있었기 때문이다. 어느 날인가 그는 친절하게도 이 현상을 나에게 설명해주었다. 이들은 그에게 공물을 바치는 사람들, 그의 금고, 신사들이자 그의 좋은 친구라고 했다. 그가 가끔 돈을 빌려 쓴 사람의 수는 엄청났지만 그는 눈곱만큼도 당황하는 기색이 없었다. 어떻게 된 것이 그 숫자를

꼽아보는 것을 오히려 자랑 삼았다. 코머스와 더불어 '그렇게 훌륭한 양떼를 가지고'[12] 있는 것을 즐거워하는 것 같았다.

그만한 재원을 가지고 있으면서 어떻게 주머니에는 늘 먼지만 들어 있게 해놓는지 알다가도 모를 노릇이다. 그러나 실상 그는 입버릇처럼 지껄여대던 '사흘 이상 묵은 돈은 썩는 내가 난다'는 금언에 힘입어 행동했다. 그래서 그는 돈이 신선할 때 써버렸다. 대부분은 술로 들이켜버렸고(대단한 술고래였기 때문에), 또 일부는 남에게 줘버렸고, 그 나머지는 내던져버렸다. 마치 사내아이들이 팔매질을 하듯이 문자 그대로 내던지기도 하고, 또는 전염병이나 되는 것처럼 연못이나, 도랑이나, 깊은 구멍이나, 끝없는 동굴 속 같은 데다 내던졌다. 또는 그것을(그가 곧잘 익살맞게 지껄이듯이) 이자가 안 붙는 강변 둑(bank에는 '은행'이라는 뜻과 '둑'이라는 뜻이 있다) 밑에다 묻어버렸다(다시 캐내는 일은 절대로 없었다). 그리고 하갈[13]의 소생을 황야로 내쫓아버리듯, 돈이 아직 감미로울 때 단호하게 물리쳐버렸다.

그는 결코 돈에 미련을 두는 법이 없었다. 그의 돈주머니를 채워주는 물줄기는 일년 내내 끊어지는 일이 없었다. 새로운 자금이 필요하면, 안면이 있는 사람이건 생면부지의 모르는 사람이건, 경사스럽게도 그와 맨 처음에 맞닥뜨리는 사람이 으레 그 부족액을 바치게 되었다. 왜냐하면 비고드에겐 거절할 수 없는 뭔가가 있었기 때문이다. 그는 명랑하고 시원시원한 외모와 민첩하면서도 유쾌한 눈매(진실성을 약속하는), 그리고 희끗희끗한 반백의 머리털이 무늬를 이룬, 시원하게 벗겨진 널찍한 이마를 하고 있었다. 그는 돈을 거절하는 변명 같은 것을 예상해본 일도 없고, 거절하는 사람을 보지도 못했다.

그러면 나의 '위대한 인종'에 관한 학설을 잠깐 밀어놓고, 수중에 마음대로 쓸 수 있는 돈푼깨나 있고, 이론을 믿지 않는 독자에게 물어보겠는데, 일부러 죽어가는 낯을 해가지고, 어차피 거절당할 거라고 생각하는 비굴한 부랑자〔빌려 쓰는 인간 속에도 못 끼는 서자(庶子)〕를 내치는 것은 쉬울지 몰라도―그런 부랑자들은 거절당하리라는 것을 미리 알고 있고, 따라서 그러리라고 기대하고 있기 때문에 거절당한다 하더라도 실제로는 별로 충격을 받지 않는다―지금 내가 이야기하는 그런 사람의 청을 거절한다는 것은 독자 여러분의 친절한 마음에 비추어보아 한층 불유쾌한 일이 아닌가 하고 말이다.

내가, 그의 불타는 듯한 마음의 광채, 부풀어 오르는 감정, 얼마나 장대하고, 또 얼마나 이상적이었던가, 밤을 지새우며 술잔을 기울일 적에 또한 얼마나 위대해 보였던가를 떠올릴 적에, 또 그가 세상을 뜬 후 내가 사귀어온 친구들과 그를 견주어볼 적에, 몇 푼 안 되는 금전을 모아두었던 것이 구역질이 나, 나도 별수 없이 '빌려주는 자', 즉 소인배 무리 속에 떨어져버렸구나 하는 생각이 든다.

엘리아와 같이 철제 금고 속의 보물보다는 오히려 가죽 표지로 된 책 속의 보물을 더욱 귀히 여기는 사람에게 여태까지 이야기한 사람들보다도 더 무서운 약탈자의 부류는 따로 있다. 바로 '책을 빌려가는 인간들'을 말한다. 저 장서의 맥을 끊고, 책장의 균형을 무너뜨리고, 책을 마구 뜯어내는 무리들이다. 그 약탈자 가운데 하늘 아래 둘도 없는 컴버배치[14]와 같은 인물이 있다!

 마주 보이는 서가의 맨 아랫단에 큰 송곳니가 빠져나간 것처럼 흉하게 빠끔히 벌어진 틈(독자 여러분, 여러분은 지금 블룸즈버리에 있는 나의 대단찮은 뒷방 서재에 나와 함께 있는 것이다!) 양쪽 가에는〔마치 시의회 의사당의 두 거상(巨像)이 지키는 것도 없이 자세를 고쳐잡고 있는 것처럼〕거대한 스위스인 교황청 경비병 같은 커다란 책들이 꽂혀 있는데, 그 빈 곳이야말로 한때 내가 가지고 있던 이절판(二折判) 가운데서도 키가 제일 큰 보나벤투라[15] 전집이 있던 자리였다. 그 책은 두껍고 빼어난 신학 전집인데, 그 양쪽에 받치고 있는 책들은(역시 스콜라 신학 전집이지만 재간이 그만 못한 벨라마인과 성 토머스의 저서) 꼭 난쟁이같이 보였으며, 오직 보나벤투라만이 거인 아스카파트[16]처럼 보였다! 그 책을 컴버배치가 자기의 지론에 따라 뽑아가버렸다.

 솔직히 말해서 "책을 소유할 수 있는 자격이란 (가령 내 책 보나벤투라의 경우에도 마찬가지지만) 책의 소유권을 주장하는 자의, 책을 이해하고 감상할 수 있는 능력과 정비례한다"는 그의 지론을 반박하기보다는 빼앗기는 고통을 당하고 참는 편이 나로서는 훨씬 쉬운 노릇이었다. 만일 그가 이러한 지론을 계속 행동에 옮긴다면 우리 서가에서 과연 무엇이 안전하겠는가?

 왼쪽 서가 위쪽부터 둘째 단의 빠끔한 빈자리는, 비록 책을 잃어버린 사람의 재빠른 눈이 아니고서는 좀처럼 눈치챌 수 없을 만큼 빈자리지만, 전에 브라운이 지은 《유골항아리 매장》이라는 책의 여유로운 안식처였다. 설령 C라 할지라도 나보다 더 그 논문에 관해 잘 안다고 주장하지는 못할 것이다. 왜냐하면 그것을 그에게 소개한 것도 나였고, 그 논문의 아름다운 점들을 최초로 찾아낸 것도(현대인들 가운데서) 실제로는 나였기 때문이다.

그러나 어리석은 구혼자가 자기보다도 유력한 경쟁자 면전에서 애인을 칭찬한 결과 여자를 빼앗기고 마는 예는 나도 알고 있다. 바로 그 아랫단에는 도즐리 사 간행의 희곡집 제4권이 빠져나갔는데, 그 속에는 흰 마귀 비토리아 코롬보나[17]가 들어 있었다. 나머지 아홉 권은 운명의 여신이 프리아모스[18]로부터 헥토르를 '빌려' 가고 남겨둔 허섭스레기 자식들과 같이 아무런 재미라곤 없는 책들이다. 이곳에 《우울의 해부》라는 책이 다소곳이 꽂혀 있고 저편에는 《낚시법의 완성》이란 책이 살아남아 어느 냇가를 조용히 거니는 것처럼 어슬렁거리고 있다. 저 한구석에는 홀아비 신세가 된 존 번클[19]이 '눈을 감고' 자기 짝이 강탈당한 것을 슬퍼하고 있다.

공정을 기하고자 한 가지는 이야기해야겠다. 이 친구가 때때로 바다와 같이 물건을 쓸어가지만, 또 어떤 때는 바다처럼 쓸어간 물건만큼의 재물을 내던지기도 한다는 사실이다. 나는 이런 종류의 수집물을 소소하게 가지고 있는데(이 친구가 별별 데를 다 찾아다니며 물어들인 것들이다), 이 친구가 어느 구석에서 주워온 것인지 장소도 잊어버리고, 나의 집에 두고 갔다는 것도 기억하고 있지 못한 그러한 책들이다. 나는 이렇게 두 번 버림받은 고아들을 주워 수용하고 있다. 이렇게 낯모르는 개종자[20]들도 참된 히브리인처럼 반겨 맞아들이고 있다. 거기에는 본래 있던 것들과 귀화해온 것들이 함께 등을 맞대고 서 있다. 귀화해온 것들은 내가 그런 것처럼 저희들의 진짜 족보를 따져보려고 하는 생각도 없는 듯하다. 나는 이렇게 바쳐진 책에 대해서 보관료를 청구하지도 않겠거니와, 그 비용을 충당하려고 매각 처분 광고를 내는 따위의 신사답지 못한 수고를 하지도 않을 것이다.

C에게 책 한 권을 빼앗긴다는 것은 어떤 의미가 있다. 그 사람 같으면 남의 진수성찬을 마음껏 먹을 것이 분명하다. 비록 그걸 먹은 다음에 설명은 할 수 없다 하더라도. 그러나 고집통이, 심보가 고약한 K[21]씨여, 저 공주와 같은 부인, 고귀하기 이를 데 없는 마거릿 뉴캐슬[22] 부인의 《서한집》을 그렇게도 눈물을 흘리며 간청했는데도 뻔뻔스럽기 짝이 없게 빼앗아간 심보는 도대체 어디서 나온 걸까? 그 훌륭한 대형본의 책장 하나라도 절대 넘겨보지 않으리라는 것을 그대는 알고 있으면서, 더구나 나도 알고 있다는 것을 뻔히 알면서도 말이다. 그런 것은 다만 청개구리 심보가 아니면, 제 친구를 꺾어 눌러보겠다는 유치한 생각이 아니고 무엇이겠는가? 그런데 무엇보다도 가슴을 찢어놓는 것은! 그것을 가지고 갈리카[23]의 나라로 가버리다니.

> 순결한 마음, 친절한 마음, 고상한 마음, 여성의 경이(驚異) 같은,
> 모든 고귀한 마음이 깃드는
> 미덕인 아름다움이 쉬기엔 부끄러운 나라![24]

그대는 명언이나 재미있는 이야기로 수많은 친구들을 그대 곁에 그러모을 수 있을뿐더러 그대를 즐겁게 해줄 희곡집과 익살과 공상

으로 채워진 책들을 가지고 있지 않은가? 극단을 드나드는 친구여, 그대는 해도 너무했다. 그대의 부인도 마찬가지, 절반은 프랑스인, 더 나은 절반은 영국 여인인 그녀가! 친절하게도 우리를 잊지 않고 있다는 표적으로, 다른 책들은 모두 제쳐놓고, 브루크 경(卿), 풀크 그레빌[25]의 작품들을 눈독 들이고 있다가 슬쩍 해가시다니. 프랑스 사람도, 프랑스 부인도, 이탈리아나 영국의 부인도 본래는 이 작품들의 제목 정도도 이해할 만한 소질을 타고나지 못한 것이다. 그 밖에 치머만의 《고독론》 같은 읽을 만한 것이 있지 않았던가?

  독자 여러분, 운 좋게도 조촐한 장서를 모아놓고 있다면, 그것을 남에게 내보이는 것을 삼가시라. 정 그것을 빌려주고 싶은 마음이 넘쳐흐르거든 빌려주시라. 그렇지만 S.T.C.[26] 같은 사람에게 빌려주시라. 이 사람은(대개는 약속한 날짜보다 먼저) 두둑한 이자와 더불어 돌려줄 것이다. 주석을 풍부하게 붙여, 책의 가치를 세 배로 늘려놓을 것이다. 나는 그런 경험을 겪었다. 그가 쓴 귀중한 주석은 많다. (실제 문제에 있어서도 빈번히, 또 양에 있어서도 그 원문과 맞먹을 정도다.) 뭐 대단히 능숙한 필적은 못 되지만 어쨌든 내가 가진 다니엘[27]의 시집에서, 버튼의 고서(古書)에서, 그리고 토머스 브라운 경의 저서 가운데서도 그 필적을 읽을 수 있다. 그리고 그레빌의 심원한 명상(冥想) 속에도 있다. 아! 그러나, 지금 이것은 안타깝게도 이교(異敎)의 나라[28]에서 방랑하고 있다! 독자 여러분께 권고하거니와, S.T.C.에 한해서만은 당신의 마음과 서재 문을 닫지 마시라.

옛날 교사와 오늘날의 교사

나의 독서는 한심할 정도로 산만하고 질서가 없다. 이상하게도 제 길에서 벗어난, 옛날 영국의 희곡이나 논문 같은 것들이 내 생각과 감정의 대부분을 채워주었다.

과학에 관련된 것은 어느 것을 막론하고, 세상 사람들보다 백과사전 한 질만큼이나 뒤떨어졌다. 나는 존 왕 당시의 소지주나 시골 신사와 견줘봐도 별로 뛰어날 게 없다. 지리에 대해서도 갓 6주쯤 학교에 다닌 아이만큼도 아는 바가 없는 것이, 나로서는 케케묵은 올테리우스[1]의 지도라도 애로우스미스[2]의 지도 못지않게 훌륭하다고 생각된다. 나는 아프리카가 어디쯤에서 아시아와 한데 닿아 있는지, 에티오피아가 이 양 대륙 중에 어느 쪽에 놓여 있는지도 모른다. 더욱이 뉴사우스웨일스나 반디멘즈랜드의 위치는 캄캄절벽이다. 그래도 나는 이 두 미지의 땅 가운데 첫째 지역에 사는 절친한 친구와는 편지를 주고받고 있다.

나는 천문학에 대해서도 아는 것이 없다. 큰곰자리, 또는 찰스 대제(大帝)의 마차라고 하는 별이 어디쯤 박혀 있는지도 찾지 못한다. 무슨 별자리라든지, 어떤 별의 이름 같은 것을 한번 봐서는 알지 못한다. 금성이야 그 빛이 유난히 찬란하기 때문에 짐작이 가지만. 그러므로 설령 어느 불길한 아침, 해가 서쪽에서 그 첫 모습을 나타낸다 하더라도, 온 세상 사람들은 무서워서 가슴을 조이며 헐떡대고 있겠지만 나 혼자만은 별로 관심도 없고, 관찰력도 없으니, 떨 것도 없이 멍청히 서 있을 것임을 굳게 믿고 있는 터이다.

역사나 연대기에 관해서는 잡다한 공부를 하는 가운데 어쩔 수 없이 주워듣지 않으면 안 될 형편이라, 몇 가지 요점은 막연히 알고 있다. 그러나 내 나라 연대기마저도 마음먹고 앉아 공부한 일은 없다.

4대 군주에 관해서도 지극히 막연하게 알고 있을 뿐이다. 그래서 왕을 떠올려 보라고 하면 때로는 아시리아 왕이, 또 어떤 때는 페르시아 왕이 먼저 떠오른다. 이집트와 그 나라의 양치는 임금들에 관해서도 아주 막연한 추측을 할 뿐이다.

나의 친구 M^3은 굉장히 애를 써서 나에게 유클리드 기하학의 첫 명제를 이해시켜주려 했다. 그러나 둘째 명제에 들어가서는 실망한 나머지 포기해버리고 말았다.

나는 또 오늘날의 언어에 대해서는 전적으로 무식하고, 나보다 위대한 어떤 사람처럼 '쥐꼬리만 한 라틴어와 그만도 못한 그리스어'[4]를 알고 있을 뿐이다. 게다가 나는 흔해빠진 나무나, 풀이나, 꽃에 관해서도 그 모양새나 조직에 대해선 캄캄하다. 이것은 내가 도시 태생이라서가 아니다. 설령 내가 '나뭇잎이 울창한 데번의 해변에서' 이 세상을 처음으로 바라보았다 하더라도 마찬가지일 것이, 세상을 보는 나의 눈이 본래 관찰력이라곤 전혀 없이 태어났기 때문이다. 그러니까 순전히 도시의 물건들인 연장이라든지, 기관, 기계 장치 같은 것 역시 알고 있을 리가 만무하다. 일부러 모르는 체하는 것이 아니라, 나의 머릿속에는 많은 저택이 있는 것도 아니고, 공간이 넓은 것도 못 되니, 어쩔 수 없이 고역을 치르지 않고 주위 모을 수 있는 그런 시시한 골동품으로 채워놓고 있을 따름이다.

　나는 때때로 이런 시답잖은 지식을 가지고 어떻게 세상에서 크게 신망을 잃지 않고 시험을 통과해왔는지 놀라게 된다. 그러나 사실 사람은 별 뾰족하게 아는 게 없어도 세상을 잘 살아가게 마련이며, 어중이떠중이가 모인 데서는 별로 무식이 탄로 날 일도 없는 법이다. 사람은 너나없이 상대방의 지식을 내보이라고 요구하기보다는 제 자신의 아는 것을 펼쳐 보이지 못해 조바심하기 때문이다. 그러나 얼굴을 맞대고 이야기할 때는 얼버무릴 수가 없으므로, 본색이 탄로가 나고 만다. 그리하여 단 15분 동안이라도 나를 알지 못하는 똑똑하고도 아는 게 많은 사람과 단둘이 있을 때처럼 두려운 일은 없다. 최근에 이러한 궁지에 빠졌던 일이 있다.

　비숍스게이트와 섀클웰[5] 사이를 날마다 왕래하던 어느 날, 마차가 멈추고 침착해 보이는 한 신사가 올라왔다. 그는 삼십이 넘어 보였는데, 자기가 쓰는 서기 같지도 않고, 아들 같지도, 그렇다고 종 같지도 않으면서도 어찌 보면 이 세 가지가 다 합쳐진 것 같기도 한 키다리 젊은이에게 부드러우면서도 위엄 있는 어조로(마차에 오르는 사다리를 바로잡는 동안) 작별의 지시를 내리고 있었다. 그 젊은이가 내리고 마차는 다시 움직이기 시작했다. 승객이라곤 우리 단둘이 되고 보니까, 그 사람은 자연히 나에게 말을 걸어왔다. 그래서 우리는 마차의 좋은 점이라든지, 마부의 친절성이나 시간 엄수 문제, 또는 요즈음 등장하여 이것과 경쟁을 하는 역마차의 형편이라든지, 그 역마차도 재미를 볼 가망이 보인다는 화제로 수다를 떨었다. 나는 앞에서 말한 역마차로 몇 년을 두고 매일같이 왕복을 하고 있어서 이런 방면의 예법쯤은 귀신이 되어 있었기 때문에 상당히 자신만만한 대답으로 응수할 수 있었다.

그런데 그때 그가 급작스럽게 그날 아침 스미스필드에서 열린 우량 가축 전시회를 보았느냐는 생뚱한 질문을 던져서 나를 놀라게 했다. 나는 그것을 본 일도 없고, 또 그 따위 전시회 같은 것에 대단히 관심 있는 것도 아니었기 때문에, 보지 않았다고 냉담하게 대답할 수밖에 없었다. 그 사람은 전시회에서(그 태도로 보아) 막 돌아오는 길이었고, 의심의 여지 없이 그 문제에 관해 나와 의견을 나누길 원하고 있었던 까닭에 나의 설명에 대해 좀 기분이 언짢은 것 같기도 하고, 놀란 것 같기도 했다. 그럼에도 그는 나보고 이번 것이 작년 전시회보다 훨씬 뛰어났는데 좋은 구경을 놓쳤다고 확언했다.

우리는 이제 노턴 폴게이트를 들어서고 있었는데, 마침 어느 상점의 정찰을 붙여놓은 물건들을 본 그가 신이 나서 올봄 목화 값이 형편없었다는 것에 대해 논란하기 시작했다. 내가 아침나절에 하는 직업의 성격상, 원료품에 대해선 어느 정도 잘 알고 있는 편이었으므로 조금은 자신을 하고, 인도 시장 현황에 대해 웅변조로 떠들어대기 시작한 나 자신을 보고 놀라기도 했다. 그러자 금방 그 신사가 런던 바닥에 깔려 있는 온갖 소매점 집세가 모두 통틀어 얼마나 되는지 계산해본 일이 있느냐고 물어왔기 때문에, 내가 처음에 가졌던 자만심은 그 즉시 땅바닥에 거꾸로 처박히고 말았다. 만약 이 사나이가 세이렌[6]이 어떤 노래를 불렀느냐든지, 아킬레우스[7]가 여자들 틈에 숨어 있을 적에 무슨 이름을 사용했느냐는 식의 질문을 했다면, 나는 토머스 브라운 경[8]과 더불어 어찌되었든 '그럴듯한 대답'[9]을 했을 것이다.

나의 동행인은 내가 어쩔 줄 몰라 하는 꼴을 보고 아주 기분이 좋아져서, 마침 쇼어디치 건너편의 양로원이 눈에 띈 것을 기화로, 능란하게 화제를 공공자선 문제로 바꾸었다. 그 이야기는 옛날 수도원 제도 및 자선을 하는 교단에 대해 살펴보는 것과 함께, 과거와 오늘날에 있어서 빈민들에게 양식을 대주는 공적을 비교해보는 데까지 이르렀다. 그러나 내가 이 문제에 대해서 숫자로 따져서 뒷받침할 수 있는 머리가 되어 있다기보다는, 그저 옛날의 시적(詩的) 연상에서 빌려 온 가물가물 꺼져가는 지식뿐이라는 것을 눈치채고, 사나이는 그 문제를 곧 걷어치웠다.

그러고는 우리가 킹즈랜드(그 사람은 여기서 내려야 할 처지지만)의 통행세 징수소에 다다르고, 시골 풍경이 한층 더 활짝 펼쳐져 들어왔을 때, 그 사람은 북극 탐험에 관한 몇 가지 질문으로 선수를 쳐서, 자기가 할 수 있는 제일 곤란한 문제를 골라잡아, 나의 급소를 찔러 쓰러뜨렸다. 그 질문을 회피할 양으로, 그 낯선 지역의 파노라마를 바라보며 뭔가를 중얼거리고 있자니까, 마차가 멈춰 서고, 더는 곤경을 당하지 않게 나를 해방시켜주었다.

동반자가 내려버리자, 나는 나의 무식을 기분 좋게 어루만질 수 있었다. 이윽고 그 사나이가 걸어가면서 함께 내린 위칸의 승객 한 사람에게, 달스턴 부근에 만연하고 있는 전염병에 관해 묻더니, 자기 입으로 또 그 부근 대여섯 학교에도 퍼졌다고 말하는 소리가 들렸다. 그러자 나의 길동무가 학교 선생이라는 사실이 머릿속에 번득 떠올랐다. 우리가 처음 보았을 때 떠나간 그 젊은이는 상급반 학생이거나 조교임이 틀림없었다. 그는 분명히 마음이 친절한 사람이었으며, 자기가 던지는 질문을 통해 논쟁을 일으키기보다는 식견을 얻고 싶어 하는 것 같았다. 또 그는 그렇게 따져 묻는 그 자체에 흥미가 있다기보다는 그저 어떤 식으로든 지식을 갈구하지 않을 수 없는 것 같았다. 또한 그가 걸치고 있는 초록색 외투를 보면, 성직자라고는 생각할 수 없었다. 이 이상스런 사건은 그와 같은 일을 하는 사람들이 옛날과 오늘날에 있어서 어느만큼 다른가를 생각하게 해준 계기가 되었다.

이미 세상을 등진 지 오래된 릴리와 리너커[10]와 같은 혈통을 지닌 그 옛날 훌륭한 교육자들의 영혼이여, 편안히 쉴지어다. 이들은 모든 학문은 자기네가 가르치는 언어 속에 포함되어 있다고 믿으며 그 밖의 모든 학식은 천박하고 쓸데없다고 경멸해버리고는, 그네들이 하는 일을 마치 오락처럼 대했다! 그네들은 어렸을 적부터 늘그막에 이르기까지 자기네 전 생애를 학교 안에서 꿈결같이 흘려보냈다. 명사, 대명사 등의 어미변화, 동사의 활용, 구문론, 운율학(韻律學) 같은 것의 끊임없는 순환을 반복하여, 학구열에 불타던 자신들의 소년 시절을 매혹시킨 그 옛날의 배움을 두고두고 되살려내고, 과거의 역할을 쉬지 않고 실행에 옮기는 동안, 결국 그들의 일평생이 하루해처럼 미끄러져 가버리고 말았다. 그들은 언제나 처음 들어선 정원에 몸을 담고, 꽃방망이와 이삭 사이에서 인생의 황금시대를 거두어들였다.

아직도 그들은 아르카디아[11]의 전원 속에 있지만, 왕좌를 차지하고 있다. 그 왕권의 채찍은 모질지 않지만 바실리우스[12] 왕에게 주어진 저 관대한 왕권만큼 위엄이 있다. 그리스어와 라틴어는 그들의 위세당당한 파멜라[13]와 필로클레아[14]이며, 또 어쩌다 만나는 우둔한 초급생은 《겨울 이야기》에 나오는 모프사[15]나 어릿광대 다메타스[16] 정도의 여흥을 위한 막간물(幕間物) 노릇을 한다!

콜릿[17]의 문법책 서문, 다시 말하면 폴의 학교 문법 서문(때때로 이와 같이 불리기도 한다)은 그 얼마나 감칠맛이 있는가! "모든 사람에게 지혜와 지식의 금은보화가 잔뜩 들어 있는 언어를 이해할 수 있게 해주는 문법을 공부하라고 권고하는 것이 헛되고 쓸데없는 일 같기도 하다. 왜냐하면 무슨 일이고 시작이 빈약하든지 과실이 있으면, 그 끝이 완벽할 수가 없다. 또 집을 짓는 데 토대가 약하고 기초공사가 부실하면, 구축(構築)의 무게를 떠받칠 수 없기 때문에 그 집이 완전치 못하다는 것은 세상이 다 아는 사실이니 말이다." 이 버젓한 머리말은 ("그 당시 솔론 또는 리쿠르고스에 의해 처음으로 공표된 엄숙한 법률 앞에나 덧붙이는 관례로 되어 내려왔다"고 하는 밀턴의 언급에 견줄 만한 것으로) 이어지는 절에서 볼 수 있는 국교에 대한 열렬한 신앙심과 잘 맞아떨어지는데, 이 절은 문법 규칙을 마치 성서에나 어울릴 장엄한 어조로 설명하고 있다. "문법의 상이점에 관해서는 국왕 폐하의 총명한 학자들에 의해 알뜰하게 제거되었으며, 앞으로 있을 불편을 예상하고, 쾌히 구제책을 마련하고, 각 부문의 학자들로 성심껏 단일 문법을 작성케 하고, 이를 세상에 내놓아 각 곳에서 학생들이 배우도록 하고, 교사의 변동에 따라 손해를 입지 않도록 한다." 다음에 나오는 구절도 음미해볼 만하다. "그런 점에서 그(학습자)는 규칙에 따라 자기의 명사와 자기의 동사를 변화시킬 수 있다는 것이 유리한 점이다." 자기의 명사라고 했겠다!

좋은 꿈은 눈 깜박할 사이에 사라져버린다. 그리고 오늘날 교사들은 문법 규칙을 가르치는 데 별로 관심이 없다.

오늘날의 학교 교사는 무엇이고 조금씩은 알고 있어야 할 것으로 기대된다. 왜냐하면 그의 학생이 어떤 한 가지 일이라도 맹탕으로 몰라서는 안 되기 때문이다. 말하자면 교사는 겉핥기 식이라도 만물박사라야 한다. 그는 기역학(氣力學)이라든가, 화학이라든가, 무엇이고 젊은이의 마음을 끄는 신기한 일, 또는 특수한 것에 대해서는 조금이라도 알고 있어야 한다. 기계학도 들여다봐두는 게 바람직하고, 통계학도 조금은 알아놓아야 하고, 토양 및 그 밖의 것들의 성분, 식물학, 자기 나라 헌법 등, 그 밖에 여러 가지 것들을 알아둬야 한다. 하틀리브[18] 씨에게 보낸 밀턴의 유명한 교육론을 참고하면 교사에게 기대하는 임무에 관해서 어느 정도 이해할 수 있을 것이다.

이러한 모든 학과, 또는 학과에 대한 욕구는 청구서로 그 대가를 부담시키는 교사들의 체계적인 수업을 통해서가 아니라, 수업하는 휴식 시간마다 학생들과 거리를 산책하거나, (자연의 교사인) 푸른 들판을 어슬렁거리고 다니면서 조금씩 가르쳐주는 것이 바람직하다고 여겨진다.

교사가 수업 시간에 가르쳐주는 것은 제일 미미한 양에 불과하다. 교사는 오락 시간이나 노는 날 같은 거리낌 없는 시간에 슬며시 지식을 넣어주어야 한다. 교사는 일년 사계절, 하루 매시간, 흘러가는 구름, 무지개, 건초를 실은 마차, 행진해가는 한 연대의 병정들과 같은 모든 기회를 포착하여 이런 것에서 뭔가 유익한 것을 가르쳐줘야 한다. 그는 우연히 자연을 힐끗 바라보는 데서 기쁨을 느낀다 해도 그것을 가르침의 대상으로 포착하지 않으면 안 된다. 또 자연의 아름다움을 보았을 때 회화의 법칙에 따라 설명해줄 수 있어야 한다. 걸인이나 집시를 대하더라도 적절한 개선책을 생각해야지 재미있어 하는 눈초리로 봐서는 안 된다. 모든 사물은 도덕적 관습이라는 순수하지 못한 매체를 통해 엉망이 되어 가지고 교사 앞에 나타나기 때문이다.

위대한 책이라고도 일컬어지는 대우주는 교사에게 있어 진실로 모든 의미와 목적으로 봐서, 염증을 느끼고 있는 학생들에게 지루한 교훈을 읽어줘야 하는 한 권의 시시한 책에 지나지 않는다. 교사에겐 휴가라는 것이 아무 소용이 없고, 휴가에 들어가기 전보다 오히려 귀찮을 따름이다. 왜냐하면 그런 때일수록 번잡스럽게 나서는 상급반 녀석들이 매달리지 않으면, 큰 가문의 둘째자식이나, 또는 귀족이나 명문 집안의 버림받은 못난이들을 꽁무니에 매달고 연극이나, 파노라마 구경이나, 태양계 운행 관람이나, 과학이나 예술 강연회장이나, 아니면 시골구석으로, 친구 집으로, 혹은 그가 좋아하는 사교장 같은 데로 가지 않으면 안 되기 때문이다. 어디를 가나 이 귀찮은 그림자들이 따라다닌다. 학생들은 밥을 먹을 때도, 길을 걸을 때도, 교사가 꿈쩍만 해도 들러붙는다. 악몽처럼 달라붙어가지고, 숨 돌릴 사이도 없이 애를 먹인다.

　소년들이란 저희들끼리는 다시없는 친구겠지만, 어른들에겐 달갑지 않은 존재들이다. 서로 불편한 것은 그쪽에도 있겠지만, 이쪽도 마찬가지다. 어린이라도 '한 시간 동안 심심풀이'[19]로 데리고 놀 것은 되지만, 늘 붙어 있게 되면 진저리가 난다. 저희들 기분에 들떠 노는 아이들의 시끄러운 소리도 섀클웰의 조촐한 교외 은신처에서 이렇게 진지한 사색을 하고 있는 동안은, 창가 잔디밭에서 놀고 있는 것을 이따금 기분 내키는 대로 귀를 기울일 적이면—떨어져 있어서 한층 귀엽게 여겨지고—형언할 수 없을 만큼 나의 힘든 작업을 가볍게 해줄 수 있다. 그것은 마치 음악에 맞춰 글을 쓰는 것과 같다. 그 떠드는 소리도 나의 글에 음악적인 운율을 넣어주는 것 같다. 아이들의 목소리는 적어도 그래야 할 것이다. 왜냐하면 어린 목소리에는 어른의 이야기 소리에서 나오는 껄끄러운 산문적(散文的) 말투와는 전혀 다른 일종의 시 운율이 있기 때문이다. 내가 아이들의 놀이에 끼어들게 되면, 그들의 놀이를 망쳐놓게 되고, 따라서 아이들에 대한 나 자신의 호감도 줄어들고 만다.

　나는 나보다 훨씬 뛰어난 능력을 지닌 사람과 평생을 같은 집에서 지내고 싶지 않다. 내가 자신을 알고 있는 한은 무슨 시기심이라든지, 나 자신을 비교해가지고 이러한 생각을 하는 것은 아니다. 왜냐하면 이런 사람들과 이따금 친하게 지낼 수 있다는 것은 나의 생활의 행운과 행복을 마련해주는 계기가 되기 때문이다.

　그러나 자기 자신보다 뛰어난 인물들과 가깝게 지내는 버릇은 자신을 향상시키는 것이 아니라, 짓눌러버리는 결과를 부르고 만다. 다른 사람들로부터 너무 자주 독창적인 생각을 빌려 복용하게 되면, 자신이 지니고 있는 자그만 독창적인 능력일망정 숨쉴 틈을 잃고 만다. 마치 남의 땅에서 길을 잃고 헤매는 것처럼, 남의 정신 속에서 갈피를 못 잡게 된다. 키다리 머슴하고 같이 길을 나서면, 그 황새걸음 때문에 지쳐떨어지고 마는 것과 마찬가지다. 틀림없이 그렇게 끊임없이 무리하는 것은 나를 위축시켜 무능력자로 만들고 만다. 다른 사람에게서 사상을 끌어들이는 것은 상관없지만, 사고방식, 사상이 자리를 잡고 들어가 앉은 틀은 자신의 것이라야 한다. 지력(智力)은 나누어가질 수 있지만, 각 사람이 가진 지력의 틀은 그럴 수 없다.

나는 어느 때고 내가 사귀는 사람들로 인해서 이렇게 위로 끌려 올라가기를 바라지 않는 것처럼 아래쪽으로 처져 내려가는 것도 바라지 않는다(이쪽이 더 싫다). 나팔은 그 우악스런 소리로 사람의 정신을 빼놓지만, 소곤거리는 귀엣말 역시 그에 못지않게 그 짜증나는 들릴까말까 한 소리로 사람을 안달하게 만들기 때문이다.

어찌해서 우리는 교사 앞에서 마음이 편하지 못한 걸까? 그 까닭은 교사도 우리 앞에서 마음이 편치 않다는 것을 우리가 알기 때문이다. 교사는 자기와 동등한 사람들 사이에 끼게 되면 거북해하고 어울리지 못한다. 그는 꼭 소인국에서 돌아온 걸리버처럼 자기의 이해력의 수준을 상대방 수준에 맞추지를 못한다. 그는 동등한 수준에서는 상대방을 다룰 수 없다. 마치 얼치기 휘스트 카드 노름꾼처럼 처음부터 몇 수 놓아주고 싶어 한다. 가르치는 게 워낙 몸에 배서, 상대방을 가르치고 싶어 한다. 한번은 내가 쓰는 이 보잘것없는 글이 도무지 조리가 없고, 그렇다고 달리 쓸 재간도 없다고 불평을 늘어놓으니까, 교사 중의 한 분이 고맙게도 자기 학교의 젊은 학생들에게 영작문을 가르쳐주던 솜씨로 나를 가르쳐주겠다고 제안해온 일이 있을 정도다.

학교 선생의 농담이란 조잡하고 맥이 빠진 것이다. 그들은 학교 울타리 밖에 나서면 맥을 못 춘다. 마치 성직자가 도덕적 위선 밑에서 꼼짝을 못하듯이, 교사는 사람들 사이에서 형식적이거나 교훈적인 위선의 굴레에 묶여 꼼짝달싹 못한다. 또 성직자가 자기 좋아하는 것을 세상에 내놓고 즐길 수 없는 것처럼, 교사는 자기가 아는 것을 마음 놓고 사회에 풀어놓지를 못한다. 교사는 자기의 동년배들 사이에서 따돌림을 받는다. 그렇다고 후배들이 그의 친구가 되어 줄 수도 없다.

"제 잘못입니다"라고 어느 사리가 밝은 교직자 한 분이 갑작스레 학교를 그만둔 청년에 대해, 자기 친구에게 써 보낸 편지 가운데서 이렇게 말했다.

"당신의 조카가 더는 저를 따르지 않았다는 사실 말입니다. 그렇지만 저 같은 처지에 있는 사람들은 세상에서 생각하는 것보다 훨씬 가련하답니다. 우리는 나이가 어리고, 게다가 뜨거운 애정을 품고 있는 아이들에게 둘러싸여 있습니다. 그러나 우리는 아이들의 애정을 티끌만큼도 함께 나눌 엄두를 못 냅니다. 선생과 제자라는 처지가 이를 막아버리는 것이지요.

제가 가르친 젊은 제자들이 학교를 졸업한 후 몇 년 만에 찾아와서, 기쁨에 넘친 눈을 반짝이며 옛 스승과 악수를 하고, 제게는 사냥 가서 잡은 것을, 또 아내에게는 방물을 선물로 가지고 와서, 저희들의 교육을 맡아 보살펴준 데 대해 다정한 말로 감사하는 것을 보고, 때때로 제 친구들은 '얼마나 기쁘겠는가, 자네의 기분이 부럽기 한이 없네!' 하고 말하곤 합니다. 저는 아이들을 위해 휴가를 요청합니다. 실로 행복한 장면입니다. 그러나 제 심정은 서글플 따름입니다.

이 정신이 훌륭하고 인정이 넘치는 청년은 제 소년 시절 때 지도해준 것에 대한 고마움을 스승에게 보답한다고 생각하겠지만, 사실 이 젊은이가 8년이라는 긴 세월을 친자식처럼 걱정하면서 보살펴준 제게 진실된 마음으로 보답한 일은 한번도 없었습니다. 그 옛날 내가 칭찬을 하면 우쭐했고, 꾸짖으면 복종했습니다마는, 그 녀석은 결코 저를 사랑했던 게 아닙니다. 그리고 지금 이 젊은이가 나에게 대한 감사와 애정이라고 잘못 짚고 있는 것은, 모든 사람들이 자기네 소년 시절의 희망과 두려움에 얽혔던 옛 장소를 다시 찾아와서, 그네가 그전날에 존경심을 가지고 우러러보던 사람을 이제는 동등한 입장에서 쳐다보는, 바로 그 통쾌한 기분일 뿐인 까닭입니다. 저의 아내 역시……"

이 재미있는 편지는 계속된다.

"제가 전날에 사랑하던 안나도 이제는 교사의 아내입니다. 제가 그녀와 결혼했을 때, 교사의 아내는 부지런한 살림꾼이어야 한다는 것을 알고, 그 무렵은 또 어머니가 돌아가신 참이라—워낙 부지런한 분으로 잠시도 앉아계신 일 없이 집안 구석구석을 돌보고 돌아다니셨기에 그 때문에 지쳐 돌아가시지 않도록 이따금 어머니를 의자에 잡아 매놓겠다고 위협을 하기도 했습니다만—그런 어머니 대신 안나로 보충할 수는 없지 않나 하고 걱정하던 끝에, 그래도 저는 아내에게 맞지 않는 집안 살림에다 그녀를 끌어들인 고충을 털어놨던 것입니다. 그런데 저를 살뜰히 사랑했던 아내는 저를 위해 시집에서의 새색시 임무를 다하겠노라고 약속했습니다. 아내는 약속대로 그것을 실행에 옮겼던 것입니다. 여성의 사랑으로 이룩하지 못할 기적이 어디 있겠습니까?

저희 학교는 다른 학교에서는 찾아볼 수 없는 격식에 따라 운영되기 때문에, 학생들의 식사는 좋고, 모두 건강한 모습들이며, 모든 면으로 적절한 편의를 제공받고 있습니다. 이 모두가 결코 인색함에 빠지는 일이 없는 조심스러운 절약으로 이루어졌습니다. 그러나 저는 이로 인해서 상냥스럽고 유약한 안나를 잃고 말았습니다. 우리 내외가 하루의 노고 끝에 한 시간의 휴식을 즐기려고 앉으면 저는 그날 하루 동안 아내가 어떠한 유익한 일을(그 일은 진실로 유익한 것입니다) 했으며, 내일을 위해서는 어떠한 것을 꾀하고 있는지 하는 이야기에 귀를 기울이지 않으면 안 됩니다. 아내의 마음도 외모도 선생의 사모님이라는 임무로 인해서 변하고 말았습니다. 학생들에게는 사모님이라는 모습을 짓지 않고는 나타날 수 없으며, 저를 대할 때는 학생들의 선생님으로 떠받듭니다. 저에게 아내로서의 사랑과 애정을 보이는 짓은 천부당만부당하며, 사모님으로서나 선생님으로서의 위신에 어울리지 않는 일입니다. 그렇지만 아내에게 이런 사실을 일깨우는 것은 제 미안한 마음이 허락지 않습니다. 아내가 저 때문에 이렇게 딴사람으로 변하고 말았는데 제가 어찌 아내를 탓할 수 있겠습니까?"

이 편지가 내 수중에 들어온 것은 사촌누이 브리짓 덕분이었다.

나의 첫 연극 관람

크로스코트의 북쪽 끝에 아직도 문이 하나 서 있는데, 현재는 인쇄소 출입구 정도의 변변찮은 용도로 영락하고 말았지만, 건축상으로 보면 어느 정도 기교를 부린 것이 눈에 띈다. 이 글을 읽는 독자가 젊다고 친다면, 이 옛날 문이 옛 드루어리 극장, 즉 개릭[1]의 드루어리 극장의 바로 삼등석 입구였는데 이제는 다 없어지고 그것만이 남았다는 사실을 알지 못할 것이다.

내가 그 문을 지나치게 될 때는 언제고, 맨 처음 연극 구경을 보러 그 문을 들어갔던 그날 저녁을 회상하며, 내 어깨에서 40년이라는 세월을 떨구지 않을 수 없다. 그날 오후는 비가 내렸는데, 우리가(어른들과 나) 극장을 가는 조건은 비가 그쳐야 한다는 것이었다. 나는 얼마나 두근거리는 가슴을 안고 창가에 서서 물 고인 웅덩이를 내려다보고 있었던가! 그것은 웅덩이가 조용해지는 것이 소원하는 대로 비가 그치는 징조라고 배웠기 때문이었다. 마지막으로 한 줄기가 퍼붓고 나자, 기쁨에 넘쳐 그것을 알리러 뛰어갔던 일이 기억나는 듯하다.

우리들은 대부 F가 보내준 초대권을 가지고 갔다. 그분은 홀본에 있는 페더스톤 건물의 모퉁이에서 유류상(油類商;지금은 데이비드 상점)을 경영하고 있었다. F라는 이분은 키가 훤칠하고 위엄이 있으며, 말투도 고상하고, 자기 신분 이상으로 점잔을 빼는 사람이었다. 이분은 당시 존 파머라는 희극 배우하고 교제를 하고 지냈는데, 그 걸음걸이와 태도를 흉내 내는 것 같았다. 만약 존 쪽에서 우리 대부의 태도를 본뜬 것이 아니라면 말이다. (이것도 그럴 법한 이야기다.)

그분은 또한 셰리든[2]하고도 아는 처지였고, 그의 방문을 받기도 했다. 젊은 브린슬리 셰리든이 배스에 있는 학교 기숙사를 도망쳐 나와, 그의 첫 부인인 아름다운 마리아 린리와 두 손 마주잡고 찾아들어온 곳도 다른 곳이 아닌 홀본에 있는 그분의 집이었다. 셰리든이 천생연분인 미녀를 데리고 그날 저녁에 찾아들어왔을 때, 우리 부모님도 그 자리에(카드놀이용 테이블을 앞에 두고) 계셨다.

이런 연관을 맺고 있었으니 나의 대부는 어느 면으로 보아도 원하기만 하면 언제든 드루어리 레인 극장에서 초대권 정도 얻어내는 것은 별 문제가 아니었을 것으로 생각할 수 있다. 그리고 사실이지, 브린슬리가 쉽게 한마디 적어주면 그런 싸구려 입장권쯤은 마음대로 얻어낼 수 있었는데, 대부가 들려주는 말에 따르면 그것이 여러 해 동안 밤마다 오케스트라나 그 극장의 여러 군데 통로를 조명해 준 데 대한 대가로 받는 유일한 보상이었다고 한다. 그리고 그분은 마땅히 그래야 한다고 흐뭇해하곤 했다. 셰리든과 친밀하게 지낸다는 명예는—또는 대부 혼자서만 그렇게 주장하는 친분인지 모르지만—그분에게는 금전보다도 더 값진 것이었다.

F는 유류상 중에서 제일가는 신사였고, 호언장담하는 버릇이 있었지만 예의는 깍듯했다. 그는 아주 흔해빠진 사실을 이야기할 때도 키케로[3] 식으로 거창하게 나왔다. 그는 거의 어느 때고 두 마디의 라틴어를 늘 입에 달고 살았는데(기름장수 입술에서 라틴어라니 얼마나 희한한 일인가!) 내가 나중에 배운 라틴어 지식에 의하면 그것은 틀린 것이었다. 그 낱말을 제대로 발음하자면 '바이스 버사(vice versa)'라고 했어야 할 것을, 단음절어로 발음했다고 할까, 영어식으로 했다고 할까, 아무튼 '버즈 버즈(verse verse)'와 같이 자기 고유의 독특한 발음을 했는데, 마치 세네카[4]나 바로[5]로부터 바로 따온 것 같은 이 발음이 어린 시절의 나에게는 매우 엄숙한 인상을 주었다. 당당한 태도와 이러한 왜곡된 발음의 도움에 힘입어, 그는 세인트앤드류 교구가 부여할 수 있는 최고의 영예에(비록 대단한 것은 못 되었지만)까지 오를 수 있었다.

그분은 세상을 뜨고 말았다. 그리고 나는 그를 추도해야 마땅하기에 나의 맨 처음 연극 입장권을 떠올렸다.(크지도 않은 불가사의한 부적! 겉으로 보기에는 시시하나, 나에게는 아라비아의 낙원보다도 더한 것을 펼쳐 보이는 홀쭉한 열쇠!) 더군다나 그분의 유언 덕분으로 내가 일찍이 나 자신의 것이라고 부를 수 있었던 단 한 군데의 토지라는 재산을 소유하게 되었다. 하트퍼드셔의 아늑한 퍼커리지의 길가 마을 가까이 자리하고 있는 땅이었다. 재산을 인수하려고 내려가서 그 땅에 발을 들여놓았을 때, 그것을 기증해준 사람의 위풍 있는 습관까지 나에게 내려와서, 나는(솔직히 말하면 허영에 들떠서) 한가운데 널찍한 저택이 들어앉은 4분의 3 에이커나 되는 농지 위를 하늘과 땅 사이에 있는 온갖 것들이 다 내 것이라는 듯한 영국 세습 지주의 기분으로 활보했다. 그러나 그 토지는 이제 나보다 빈틈없는 사람의 손아귀 속으로 들어갔는데 토지 재분배론자가 아니고는 그것을 되찾지 못할 것이다.

그 시절에는 삼등석 초대라는 것이 있어서 우리는 그런 초대권을 가지고 들어갔었다. 그것을 없애버린 괘씸한 지배인은 저주나 받아라! 나는 문에서 기다리던 것이 떠오른다. 지금 남아 있는 저 문이 아니라 저 문과 쑥 들어가 있는 안쪽 문 사이였다. 아, 언제 다시 그때처럼 기대에 들떠 서 있어보게 될까!

그 시절 극장이라면 약방에 감초나 되듯 꼭 따르는 사과 행상의 외침을 들으면서. 내가 기억하는 한 그 시절 극장에서 과일을 파는 여자들 사이에 유행하던 말버릇은 "귤 좀 쫓으세요, 사과 좀 쫓으세요, 프로그램 쫓으세요"였다. "사세요"(chuse 또는 choose) 대신에 "쫓으세요"(chase)라고 했다. 그러나 우리가 들어가서, 머릿속에 하늘의 광경을 펼쳐주는 드리워진 초록색 장막을 바라보다가, 그 장막이 얼마 안 있어 올라갈 때쯤 되면 나는 숨도 못 쉴 만큼 기대에 차서 기다리곤 했다. 나는 로 판(版) 셰익스피어에 있는 《트로일로스와 크레시다》의 앞에 붙어 있던 판화에서, 바로 디오메데스가 있는 천막 장면[6]에서 그와 같은 것을 본 일이 있었다. 그리고 그 판화를 보게 되면 언제나 그날 저녁의 기분을 어느 정도 되찾을 수 있다.

당시의 특등석은 잘 차려입은 상류층 부인들로 꽉 차 있었는데, 삼등석 위까지 밀려나와 있었다. 그리고 그것을 떠받치고 있는 지주(支柱)들은 유리(처럼 보이는 것) 밑에 번쩍거리는 물질로(무엇인지 모르지만) 치장이 되어 있었다. 재미없는 환상일는지 몰라도 나는 일단 그것이 설탕으로 된 사탕이라고 판단을 내렸다. 그렇지만 나의 부푼 상상으로는, 흔히 보는 물질이 아니라 그것은 하늘의 영광으로 빛나는 캔디 같아 보였다.

마침내 오케스트라에 조명이 비치자 저 '아름다운 새벽의 여신이여!'[7]라는 노래가 울려 퍼졌다. 종소리가 한 번 들렸다. 종은 다시 한 번 울려나와야 했지만 나는 기다리다 지쳐서, 포기해버리는 식으로 눈을 감고 어머니의 무릎에 눕고 말았다. 둘째 종이 울렸다. 막이 올라갔다. 나는 여섯 살도 못 된 나이였다. 그런데 연극은 〈아닥사스다〉[8]였다.

《세계사》[9], 그것도 고대편을 수박 겉핥기 식으로 조금 집적거려 본 적이 있던 내 눈앞에 페르시아 궁전이 펼쳐졌다. 그것은 마치 옛날의 풍경 속으로 들어가보는 것 같았다. 나는 그 속에서 펼쳐지는 행동 같은 것에는 이렇다 할 흥미가 없었는데 그 중요성을 이해하지 못했기 때문이다. 그러나 나는 '다리우스'[10]라는 말을 듣고, 내가 다니엘서 속에 들어와 있다는 것을 알게 되었다. 모든 감정은 환상 속에 몰입되고 말았다. 화려한 의상, 정원, 왕궁, 왕비들이 내 앞을 스치고 지나갔다. 내가 출연자의 이름을 알 턱이 없었다. 그동안 나는 페르세폴리스[11] 속에 있었으며, 그들이 숭배하는 불의 우상은 나를 거의 숭배자로 바꿔놓고 말았다. 나는 공포에 사로잡혀, 저 불에는 단순한 불의 요소 이상의 어떤 신비스러운 면이 있다고 믿게 되었다. 그것은 모두가 마법이며 꿈이었다. 그 이후 이러한 즐거움은 꿈속이 아니고는 볼 수 없었다. 뒤이어 어릿광대 할리퀸이 달려 나왔다. 그 속에서 치안 판사가 존경을 받을 만한 노파로 둔갑을 한 것도 나에게는 한 편의 엄숙한 역사적인 정의 같았고, 제 머리통을 들고 다니는 재단사도 성 데니스[12]의 전설처럼 타당한 사실로 생각되었던 것이 기억난다.

어른을 따라 구경 간 두 번째 연극은 〈장원(莊園)의 마님〉[13]이라는 것이었는데, 거기 관해서는 무대 장면을 제외하면 어렴풋한 기억만 남아 있다. 그 공연 뒤에는 〈룬의 혼령〉이라는 무언극이 따라 나왔는데, 내가 알고 있기로는, 죽은 지 얼마 안 되는 리치[14]라는 희극 작가를 풍자한 것이었다. 내가 아는 바로는(풍자라고 하기엔 너무 진지하지만), 〈룬〉은 어릿광대 일파의 원조인 〈루드(Lud)〉만큼이나 오랜 작품으로 그 목검, 즉 나무로 된 제왕의 홀(笏)은 헤아릴 수 없이 여러 대대를 거쳐 이어 내려왔다. 나는 제일 처음 얼굴을 내민 어릿광대가 죽은 무지개의 혼령처럼 그림자 같은 하얀 누더기 옷을 걸치고 고요한 무덤 속에서 나오는 것을 보았다. 어릿광대는 죽으면 저렇게 보이는구나(하고 나는 생각했다).

얼마 안 있어 세 번째 연극을 따라가게 되었다. 그것은 〈세상 길〉[15]이라는 것이었다. 나는 재판관처럼 엄숙한 자세로 그것을 보았던 듯하다. 왜냐하면 마음씨 고운 위시포트 부인의 신경질적인 꾸민 듯한 태도가 뭔가 엄숙하고 비통한 정열처럼 나를 사로잡고 만 것을 기억하기 때문이다. 그 다음은 〈로빈슨 크루소〉였다. 거기 등장하는 크루소와 그의 종 프라이데이와 앵무새는 소설 속에서와 마찬가지로 훌륭하고 그럴듯했다. 이윽고 이러한 무언극 속의 어릿광대와 그 상대역들은 내 머릿속에서 깨끗이 사라지고 말았다. 내가 믿기로는, 옛 템플라 라운드 교회[16](내가 다니던 교회) 내부에 돌로 다듬어진 입을 딱 벌리고 이빨을 드러내놓고 있는 괴상한 악마 같은 형상들(당시 내게는 경건한 의미가 가득 배어 있는 것처럼 생각되었다)을 보고 웃음이 나오지 않는 것과 마찬가지로 어릿광대를 보아도 웃음이 나오지 않게 되었다.

나는 이러한 연극들을 1781년과 그 이듬해인, 내가 예닐곱 살 되던 시절에 보았다. 그 다음 6, 7년의 간격을 두었다가(학교에서는 연극 구경을 절대로 허가하지 않았기 때문에) 극장을 다시 드나들게 되었다. 그 옛날 〈아닥사스다〉의 저녁 공연이 나의 환상 속에 맴돌며 결코 끊어지지 않았기 때문이었다. 나는 똑같은 상황에서는 다시 똑같은 감정이 일어날 것이라고 기대했다. 그러나 열여섯 살과 여섯 살 사이의 차이는, 예순 살과 열여섯 살 사이의 차이보다 더 심했다. 그 6, 7년 사이에 내가 잃지 않은 것이 그 무엇이었던가! 어렸던 시절에는 아무것도 알지 못했고, 이해하는 것이 없었고, 분별도 없었다. 나는 모든 것을 느꼈고, 온갖 것을 사랑했으며, 세상 모든 것에 경탄했다.

어찌되는 것인지 모르지만, 양분(養分)을 받아 살게 되니—[17]

나는 열성적인 신자로서 교회당을 떠났고, 이성론자로서 되돌아왔다. 물질적으로는 똑같은 것들이 그곳에 있었다. 그러나 그 신비스런 표상은 사라져버리고 말았다. 초록빛 막은 이제는 두 세계 사이에 드리워져서, 그것을 열면 지난 옛날을 도로 갖다 주고, '제왕의 혼령'을 나타내주는 그런 장막이 아니라 다만 일정한 시간에 나와 제각기 맡은 역을 꾸며 보이는 배우들의 무리와 관중 사이를 갈라놓는 몇 필 정도의 초록색 포장에 불과했다. 오케스트라를 비추는 조명도 꼴사나운 기계장치에 머물고 말았다. 맨 처음 울리는 종소리, 그리고 그 다음 종소리도 이제는 한낱 프롬프터의 종 장난에 불과했다. 그것은 이전 같으면 종을 울리는 사람의 손이 보이지도 않고 짐작마저도 할 수 없는, 뻐꾹새 우는 소리같이 환영처럼 들리는 소리였다. 배우란 그저 얼굴에 분장을 한 남자와 여자들이었다.

　나는 이것이 그들의 잘못이라고 생각했지만 사실은 내게 잘못이 있었다. 그동안은 열두 달을 여섯 배로 한 것에 지나지 않는 시간이었지만, 내 속에서는 수많은 세기가 흘러간 듯 많은 것이 뒤바뀌었음이다. 어쩌면 그날 저녁 연극이 대단찮은 희극에 불과했다는 것이 나에게는 다행한 일이었는지 모른다. 그 까닭은 그 후 얼마 안 있어서 이사벨라로 분장한 시든스 부인[18]의 첫 모습을 보게 되었을 때 느낀 순수한 감정을 그르쳐놓았을지도 모를, 터무니없는 기대를 떨쳐버릴 시간적 여유를 그 연극으로 인하여 얻었기 때문이다. 옛날 연극에 대한 비교나 회상 같은 것은 오늘날의 무대장면의 매력에 금세 맥을 못 추게 되었으며, 연극이라는 것은 나에게 있어, 새롭게 얻어들인 가장 즐거운 오락이 되고 말았다.

발렌타인 축일

그대의 축제일이 돌아온 것을 쌍수를 들어 환영하는 바이다. 연로하신 발렌티누스 사제여! 그대 높이 칭송받는 결혼의 사제이며 불멸의 중매자여, 그대 이름은 교회의 연력(年歷) 가운데서도 대단하니, 그대는 누구이며, 어떻게 된 자인가? 그대는 가련한 인간들로 하여금 결혼에서 완성을 구하게 하는 끊임없는 원칙을 상징하는 한낱 이름에 지나지 않는단 말인가? 그렇지 않다면 견장(肩章)이 달린 법의를 걸치고, 거기다 앞자락을 두르고, 품위 있는 엷은 소매를 달고 있는 진정 죽을 수밖에 없는 인간 사제에 지나지 않는단 말인가? 정체를 알 수 없도다!

그대같이 주교관(主敎冠)을 쓴 사제는 확실히 연력에 없다. 히에로니무스[1]도 아니고, 암브로시우스[2]도 아니며, 키릴루스[3]도 아니다. 또 그렇다고 세례도 미처 못 받은 어린애들을 영원한 고통 가운데다 밀어 넣어, 모든 어머니들의 미움을 받는 아우구스티누스[4]도 아니거니와, 모든 어머니들을 매우 싫어하던 오리게네스[5]도 아니며 불 사제[6]도, 파커 대주교[7]도, 휫기프트[8]도 아니다. 그대는 수천만의 자그마한 사랑의 신에 옹위되어 나타났다. 그리고 하늘도

쉭쉭거리는 날개 소리에 부딪히도다.[9]

　노래하는 큐피드들은 그대의 성가대이고 선창자(先唱者)다. 그리고 홀 대신에 그대 앞에 신비한 사랑의 화살을 갖다 놓는다.

　다른 말로 하자면, 이날은 발렌타인[10]이라고 불리는 저 예쁘고 자그만 서신들이 길거리마다 모퉁이마다 오가며 서로 마주치는 날이다. 우체부 아저씨는 자기 것도 아닌, 이 예쁘고 수줍은 두 푼짜리 편지 다발 무게에 짓눌려 허우적거린다. 이 하루살이 사랑의 하소연이, 이 사랑스러운 도읍의 구석구석까지 얼마나 잘 배달되는지, 문지기의 주머니는 엄청나게 두툼해지고, 문을 두드리는 쇠고리나 초인종 철사는 또 얼마나 망가지는지 믿기 힘들 정도이다.

　이렇게 자그마하게 눈에 보이는 사랑의 고백 중에서, 하트 모양만큼 흔히 쓰이는 상징도 없을 것이다. 우리의 희망과 불안을 나타내 주는 저 조그마한 세모꼴, 즉 화살에 맞아 피가 흐르는 심장 말이다. 그것은 뒤틀거나 구부려 붙일 수도 있어 마음대로 우그렸다 폈다 하는 오페라용 모자보다도 더 신축성 있게 비유와 과장된 애정의 표시로 사용된다. 해부학적으로 큐피드 신의 본부와 수도를 다른 장소에 정하지 않고 어찌하여 이 자리에다 정했는지는 역사적으로나 신화적으로 그 근거가 명백하지 않다. 그러나 이미 정해진 그것은 나름대로 그 역할을 다하고 있다. 그렇지 않다면 병리학적으로 그와는 전혀 다른, 더 나은 어느 다른 신체 기관에 의거해서, 한 남자가 자기의 연인 앞에서 아주 태연하게 "그대여, 나의 간장과 재산을 몽땅 그대에게 바치겠나이다"라고 말하거나, "그대여, 그대는 나에게 줄 횡격막을 가지고 계신지요?"라고 섬세하게 묻는 경우를 쉽게 상상해볼 수 있다. 그러나 이러한 일들은 관습으로 요지부동하게 굳어버려서, 감정의 중심지는 앞서 말한 세모꼴한테 맡겨졌으니, 그 이웃의 행운을 빼앗긴 기관들은 동물적이거나 해부적인 먼 거리에 밀려나 그저 기다릴 수밖에 없다.

이 세상 수많은 소리 가운데서, 도시나 지방 할 것 없이 온갖 소리를 통틀어서, 문 두드리는 소리만큼 신나는 것은 없다고 생각한다. 그 소리는 '희망이 좌정하고 계신 왕좌에 메아리를 보내는 것이외다.'[11] 그러나 그 결과는 좀처럼 마음속 성소(聖所)에 와 부합하지 못한다. 우리가 만나보고 싶은 바로 그 인물이 찾아오는 예는 아주 드물기 때문이다. 그렇지만 온갖 왁자지껄한 방문 가운데서 기대를 걸고 반겨 맞아들일 소리는 발렌타인을 데리고 들어오는, 아니 모셔 들일 것같이 보이는 바로 그 소리이다.

덩컨 왕의 숙명적인 입성을 알리는 까마귀가 목이 쉬었던 것처럼,[12] 이 발렌타인 축일에 우편 배달부의 문 두드리는 소리는 가볍고 들뜬 듯하면서도 믿음직스러워, 희소식을 물어다 주기에 꼭 알맞다. 그 소리는 여느 날처럼 기계적이 아니다. 그래서 "저건 절대로 우체부 소리는 아냐"라고 말하게 된다. 그것은 사랑의 신의 모습이고, 큐피드, 결혼의 신의 모습이다! "이제까지 있었던 것은 언제까지고 늘 있으리라"라고 한 것처럼 즐겁고 끝없이 평범한 말이 된다. 이러한 말은 사람의 머릿속 상상과 애정 가운데 굳건히 왕좌를 지키고 있는 까닭에, 시원찮은 학생의 글로나, 까다로운 학자의 문장으로는 쉽사리 지워버릴 수 없다. 행복한 아가씨가, 상징적 사랑의 봉합이 다치지 않도록 조심스런 손끝으로 봉투를 뜯어보니, 훌륭하게 꾸며 낸 비유를 그린 도안이라든가, 어떤 모형이라든가, 뭔가 젊은이의 공상 같은 것, 또는 으레 볼 수 있는

    사랑하는 이들은 모두
    사랑의 노래를,[13]

이라고 한 시구라든가, 혹은 너무 감정이 넘치지 않고 너무 실없지 않은—젊은 연인들은 그런 것을 싫어하니까—좀 그럴듯한 착상, 어떻게 보면 바람과 물결 사이 같은,[14] 또는 내가 알기로 양 떼가 아르카디아에서 양치기와 어울려 노래를 부른 합창 같은 그런 노래가 들어 있을 때 그 황홀감은 어떨까!

  발렌타인에 관한 것들이라고 모두 어리석게 볼 수는 없다. 그리고 내 다정한 벗 E. B———[15](내가 이렇게 부르는 것을 허락해준다면)여, 나는 그대의 발렌타인을 쉽게 잊어버릴 수 없을 것이다. E. B.는 젊은 아가씨와 마주보는 집에 살았는데, 상대편에서는 이쪽을 볼 수 없고 이쪽에서만 C———e 거리로 뚫린 거실 창문을 통해서 그녀를 종종 바라다 볼 수 있었다. 그녀는 아주 명랑하고 순진했으며, 그때 나이가 마침 발렌타인 편지를 받으면 좋아할 때였는데, 설사 받지 못한다 해도 기분 좋게 그 실망을 참아낼 수 있는 기질의 아가씨였다. E. B.는 비범한 능력을 지닌 미술가로, 진귀한 의장(意匠)을 꾸며내는 재주에서는 아마 누구에게도 뒤지지 않을 것이다. 그의 이름은 직업상으로 잘 제작된 수많은 책의 장식화 밑

에 적혀 있어 알려져 있지만, 그 이상은 알려져 있지 않다. 왜냐하면 E. B.는 조심스런 성격인 데다 세상은 먼저 나서서 사람을 알아 모시려 하지 않기 때문이다.

E. B.는 이 젊은 아가씨가 자신도 모르게 베풀어 준 수많은 호의에 대해서 어떻게 보답할까 곰곰이 생각했다. 그 까닭은 어느 다정한 얼굴이 인사를 할 때, 설령 지나치며 한 것이기 때문에 다시 만나게 되어도 피차 알아보지 못한다 하더라도, 우리는 마땅히 무슨 신세를 진 것처럼 느껴야 하는데, E. B.야말로 그렇게 느꼈기 때문이다.

이 착한 미술가는 아가씨를 즐겁게 해주려고 작업을 시작했다. 그것은 3년 전 발렌타인 축일 바로 전이었다. 그는 남의 눈에 띄지 않게, 그리고 들키지 않게 하나의 놀라운 작품을 만들어냈다. 테두리가 있는 제일 좋은 금박지를 썼음은 말할 것도 없고 흔해빠진 하트나 정성이 깃들지 않은 우화가 아니라, 오비드[16]나 오비드 이전의 시인들에게서 따온(E. B.는 학자이기 때문에) 온갖 달콤한 이야기로 가득 채웠다. 그 안에는 피라무스와 티스베[17]의 이야기도 있고, 디도[18]의 이야기도 물론 빠뜨리지 않았으며, 헤로와 레안드로스[19]의 이야기도 있었다. 그리고 케이스터 강[20]에서 노래하던 백조보다도 더 많은 백조를 그려 넣고 온갖 글귀와 도안으로 장식해 한마디로 말하면 거의 마법 같은 작품이었다. 거기에 한술 더 떠 일곱 가지 무지갯빛으로 물들인 헝겊까지 사용했다.

그는 발렌타인 축제 전야에 이것을 무엇이고 가릴 것 없이 마구 삼켜버리는 보통 우체통에다 맡겨버렸다. (얼마나 저열한 위탁인가!) 그러나 미천한 중개자가 그 임무를 다하여서, 다음날 아침 빤히 보이는 곳에서 지켜보니 쾌활한 사자가 문을 두드리자 이윽고 그 소중한 위탁물이 전달되었다.

그가 숨어서 바라보니, 아가씨는 발렌타인 선물을 풀어보고 좋아서 춤을 추고 다니며, 그 아름다운 그림들을 한 장 한 장 펼칠 적마다 손뼉을 치며 야단이었다. 그녀가 춤을 추고 돌아다니는 것은 가벼운 사랑이나 어리석은 기대 때문이 아니었다. 왜냐하면 그녀는 애인이 없기 때문이었다. 아니, 설령 있다 하더라도, 그와 같이 자기를 즐겁게 해줄 찬란한 그림을 그려낼 만한 사람이 없었기 때문이었다. 그것은 오히려 요정의 나라에서 온 선물 같은 것이었다. 우리가 친숙히 알고 있는 믿음이 깊은 선조들이 누가 보냈는지 알 수 없는 선물을 받게 되었을 때 하늘이 보낸 선물이라고 말하는 것처럼, 그것이야말로 하늘이 주신 선물이었다. 그것은 아가씨에게 아무런 해도 끼칠 리가 없고, 이후로도 언제까지나 그녀를 행복하게 해줄 것이다. 모르는 것을 사랑한다는 것은 좋은 일이다. 나는 단지 이 사실을 E. B.의 한 실례로, 그리고 숨어서 친절을 베푸는 그의 겸손한 태도의 예로 적어놓는다.

나의 발렌타인에게 행운이 깃들기를, 가엾은 오필리아는 노래한다. 그리고 이보다 더 바랄 것 없는 소원과 그러나 너무 똑똑한 나머지 옛 전설을 멸시하는 일이 없으며 발렌티누스 노사제와 그의 참다운 사랑의 신조를 믿고 그의 겸손한 신도로서 만족하고 있는 온 천하 모든 충실한 연인들에게 더욱 경사스러운 행운이 있기를 빈다.

수도에서 거지가 사라지는 것을 한탄함

모든 것을 일소(一掃)해버리겠다는 사회 혁신의 비, 즉 시대의 온갖 악습을 뿌리뽑겠다는 오직 한 가지 근대적 알키데스[1]의 곤봉이 수도에서 거지라는 괴물의 마지막 펄렁대는 누더기 자락을 근절시키고자 한껏 들어올려져 있다. 거지 보따리, 돈주머니, 가방, 그리고 지팡이, 개, 게다가 목발 같은 이러한 모든 짐을 끌고 다니는 거지 떼들이 모두 이번 제 11차 박해[2]를 받으며 그들의 빈민가에서 매우 서둘러 사라지고 있다. 사람들이 와글거리는 네거리에서, 길거리 구석구석에서, 또한 골목으로 돌아서는 모퉁이에서, 터줏대감 거지들이 '탄식을 발하면서' 사라져갔다.

이 한창 진행 중인 대규모 작업, 다시 말해서 안 해도 좋을 탐탁지 못한 박멸 운동, 혹은 한 종족에게 선포된 '박멸 전쟁'을 나는 찬성하지 않는다. 적잖은 이점을 이 거지들에게서 얻을 수 있다고 생각하기 때문이다.

거지들이야말로 빈민의 제일 오래되고 또 제일 명예로운 형태이다. 그들이 하는 호소는 교구 또는 사회 단체의 동포들이나 혹은 그 분파 사람들의 유별난 기분이나 변덕에 맞추어 애원하기보다는 우리 인간의 공통된 박애심을 향한 것이어서 고귀한 마음을 품고 있는 사람들에겐 미워할 만한 것이 못 된다. 그들의 애원은 세금을 과한다는 면으로 봐도 그 세율이 불쾌한 것이 아니었고, 세액으로 봐도 불평거리가 못 되었다.

그들이 헐벗었다는 그 사실 자체에서 일말의 위엄이 솟아나는 것은, 벌거숭이로 있는 것이 차라리 철마다 주인이 머슴에게 옷을 해 입힌다는 것보다 훨씬 더 인간다운 데가 있는 것과 마찬가지다.

가장 위대한 정신을 지니고 있던 사람들도 역경에 빠지고 보면 이러한 생각을 가졌다. 만약 디오니시우스[3]가 왕의 자리를 빼앗기고 일개 학교 교사가 되었다면 그를 향해 멸시밖에 느낄 것이 있겠는가? 반 데이크[4]가 제왕의 홀 대신 교사가 들고 있는 회초리를 그렸다고 해서, 역시 그가 그린 동전 한 푼을 구걸하고 앉아 있는 벨리사리우스[5] 장군의 처참한 모습에서 느끼는 것과 똑같은 영웅적 동정과 같은 동정어린 탄복을 마음속에 품을 수 있었겠는가? 그 교훈은 한층 아름답고, 더욱 감동을 불러일으킬 수 있을까?

전설 속에 나오는 '눈먼 거지' — 예쁜 베시의 아버지 — 의 이야기는 천박한 노래로 불리고 대폿집 간판 같은 데 이용되지만, 그 품위를 떨어뜨리거나 가치를 하락시키는 일이 없이 거지의 위장(僞裝)을 통해서 내부의 찬란한 정신의 광택을 번쩍번쩍 빛내고 있다. 이 고귀한 콘월[6] 백작(그것이 그의 정체였다)과 있을 수 없는 운명의 장난, 그 백작은 군주의 불공평한 심판을 받아들이지 않고 도망쳐 나와 모든 것을 빼앗기고, 베스널[7]의 꽃피는 푸른 들판에 앉아, 꽃보다 더 아름다운 과년한 딸을 옆에 데리고 자신의 누더기와 거지 신세를 훤하게 드러냈다. 과연 이들 부녀가 상점에서 손님들에게 물건을 펼쳐 보이고 있다든가, 양복점의 높직한 작업대 위에 앉아 자기들의 패망한 신분을 속죄하고 있다고 해서 그 모습이 이보다 더 훌륭하게 비쳤겠는가?

옛날 이야기에서나 역사에서나 거지는 임금님과 정반대의 위치에 놓인다. 시인이나 로맨스 작가들은(친애하는 마거릿 뉴캐슬 부인은 그렇게 불렀을 것이다) 아주 예리하고 감동적으로 불행한 운명을 그리고자 할 때, 으레 그 주인공을 누더기와 바랑을 짊어진 거지 신세로 떨어뜨리고 만다. 깊이 떨어졌다 함은 그만큼 높은 곳에서 떨어졌음을 뜻한다. 그렇지 않고 어중간한 상태가 우리 상상 앞에 나타나게 되면 반드시 불쾌감을 일으키게 된다. 이 추락을 중도에 멈춰서는 안 된다. 자기 궁궐에서 내쫓긴 리어왕은 걸치고 있던 옷을 죄다 벗어던지고, '순수한 자연'과 일치하지 않으면 안 되었다. 또 왕자의 사랑을 잃고 만 크레세이드[8]는 아름다움과는 다른 종류의 창백함을 띤 하얀 팔을 벌린 채, 방울과 꽹과리를 가지고 문둥이에게 주는 적선을 애원하지 않으면 안 되었다.

루키아누스[9] 풍의 풍자가들은 이런 사실을 꿰뚫어보고 있어서, 위대한 것을 인정사정없이 경멸조로 나타내고자 할 때는, 반대의 수법을 써서 저승에서 알렉산드로스 대왕이 떨어진 구두짝을 깁고 있다든가, 또는 삼무 라마트[10] 왕후가 땟국에 전 옷을 빨고 앉아 있는 모습을 보여준다.

위세당당한 대군주가 신분을 낮춰 빵장수 딸에게 사랑을 고백했다는 사실이 노래로 불린다 해서 어떻단 말인가! 더욱이 코페투아[11]

왕이 거지 계집애의 사랑을 구했다는 '진정한 민요'를 읽을 때, 과연 우리의 심상이 완전히 잡쳐졌다고 느끼겠는가?

　빈민, 극빈자, 가난뱅이란 말은 모두 동정의 뜻을 나타내고 있지만, 그 동정에는 멸시의 뜻이 섞여 있다. 거지에 대한 적절한 경멸이란 있을 수 없다. 가난이라는 것은 비교를 해서 나타나는 것으로, 가난의 각 단계는 그 '다음 단계에 있는 자'에 의해서 조롱받는 법이다. 그 쥐꼬리만 한 집세와 수입이라는 것은 눈 깜빡할 사이에 집계되어 헤아려진다. 재산깨나 있다고 해서 으스대는 것은 개가 다웃을 노릇이다. 돈을 좀 모아 보겠다고 하는 가긍한 노력은 웃음을 자아낸다. 피차 상대방을 깔보는 친구들은 그것에 대해 자기의 조금 더 큰 돈주머니 무게를 저울질할 수 있다. 한 가난뱅이가 다른 가난뱅이를 길바닥에서 만나, 제 형편이 눈곱만큼쯤 나아졌다고 해서, 건방지게 지껄여대며 상대방에게 치욕감을 주는 동안 부자들은 그 곁을 지나치면서 양쪽을 다 비웃는다. 견주어보기 좋아하는 장사꾼이 그 아무리 몰염치하다 해도 거지를 모욕할 수는 없거니와, 거지와 돈주머니 무게를 대보려는 수작을 할 리는 없다.

　거지란 가진 것이라곤 없기 때문에 비교의 범위 속에 들 수 없다. 그는 재산의 척도를 재어볼 수도 없는 밑바닥에 처해 있다. 세상이 다 알다시피 개나 양처럼 지니고 있는 것이 없다. 어느 누구도 거지가 제 주제에 맞지 않게 겉치장을 했다고 해서 욕을 퍼붓는 일은 없다. 또 거지가 난 척한다고 해서 야단칠 사람도 없으려니와, 건성으로 겸손하게 군다고 책할 사람도 없다. 길바닥에서 벽 쪽 안전한 데로 가려고 그와 밀치고 제치고 하는 일도 없으려니와, 서로

앞질러 가려고 쌈박질을 벌일 사람도 없다. 거지가 자기 집에 붙어 산다고 해서 부자가 그를 내몰려고 하는 일도 없다. 거지와 소송을 거는 인간도 없으려니와, 그와 법률 판가름을 하려고 법정을 찾아 가는 인간도 없다.

만약에 내가 지금과 같이 한 가정의 독립된 가장으로서 제 구실을 못한다고 하면, 나는 고관 집 가신이나 아첨하는 추종자가 되거나 혹은 못사는 친척이 되기보다는 차라리 묘미 있는 생활이나 마음의 진정한 고귀함을 위해 거지가 되는 쪽을 택할 것이다.

누더기, 그것은 가난뱅이가 입기에는 남부끄러운 것이 되겠지만, 거지가 걸치면 예복이 되며, 직업의 품위 있는 휘장이 되고, 그 거지 생활의 보유권(保有權)이 되는 동시에, 그의 성장(盛裝)이며, 그것을 입고 사람들 앞에 나타나면 한 벌의 정장이다. 거지는 결코 유행에 뒤떨어지는 일이 없거니와, 그 뒤를 쫓아가느라고 꼴사납게 절뚝거리는 일도 없다. 그는 또 궁정의 상복을 입도록 요청받는 일도 없다. 그리고 어느 누구를 무서워할 필요도 없이, 오만가지 빛깔을 죄다 입을 수 있다. 그의 의복이라는 것은 퀘이커 교도의 복장보다도 변화가 없다. 거지란 외모에 신경을 쓸 필요가 없는 하늘 아래 단 하나의 존재이다. 세상의 흥망성쇠쯤 거지에겐 관여할 바 아니다. 그만이 홀로 언제까지고 한 군데 머물러 있는다. 주가가 오르건 내리건, 땅값이 어떻게 되든 상관할 바 아니다. 농사든 장사든 그 번영의 파동이 어찌되든 그와는 거리가 멀다. 최악의 경우라도 동냥 상대를 바꿔치기 하면 되는 것이니까. 또 누구의 보증인이 되어주어야 할 필요도 없다. 누구 하나 거지의 종교나 정견을 캐고

들어 괴롭히는 일은 없다. 거지야말로 이 세상천지에서 유일한 자유인이다.

이 대도시의 거지들은 하고많은 구경거리 가운데 으뜸가는 구경거리였다. 나는 런던 장사치들이 외치는 소리를 듣지 않고 지낼 수 없는 것처럼 거지 없이는 지낼 수가 없다. 그들이 없는 거리 모퉁이는 허전하기 짝이 없다. 거지는 길바닥에서 속요(俗謠)를 부르는 가수와 마찬가지로 없어서는 안 될 존재들이다. 더구나 그 그림과 같은 옷차림은 전통 깊은 런던의 간판들처럼 장식품이 된다. 그들은 불멸의 교훈이고, 상징이며, 기념물이며, 시계판에 새겨진 좌우명이며, 나병원에서의 설교이며, 어린이가 볼 교과서이며, 기름기가 번질거리는 시민의 우악스럽게 밀려닥치는 파도를 막아내는 든든한 방파제다.

보라
저기 가련하게도 절단난 파산자들.[12]

무엇보다도 꽤나 까다로운 요즘 사람들이 쫓아내기 전에는 저 링컨-인 공원 담장에 언제 보아도 나란히 앉아 있던 눈먼 늙은 토비트[13]들, 발 앞에 길을 이끄는 충실한 개를 거느리고, 자비의 빛과(가능한지 모르겠지만) 광명의 빛을 찾아, 앞 못 보는 상한 눈을 치켜뜨고 헤매던 그 거지들은 어디로 달아났는가?

그들을 살찌우는 공기와 따뜻한 햇볕을 피해서 어느 캄캄한 구석으로 쫓겨 들어가고 말았단 말인가? 또 사방이 벽으로 꽉 막힌 구석에 갇혀, 즐겁고 희망에 부풀게 하는 통행인의 발소리도 아득히 사라지고, 동전 반 푼을 던져주는 쨍그렁 하는 소리에 버림받은 불행을 달랠 길도 없는 꺼져가는 초라한 빈민 구제원에서 이중의 암흑을 참아내야 한단 말인가? 그들이 이제 더는 짚고 다니지 않는 지팡이는 어디에 걸려 있는 걸까? 또 어느 누가 그들이 앞세우고 다니던 개를 키워줄까? L가의 감독관[14]들이 그들을 총으로 쏘아 죽였단 말인가? 아니면 온화한 성격의 교구 목사 B의 제의에 따라, 개를 자루 속에 집어넣고 묶은 다음 템스 강물 속에 던져버렸단 말인가?

까다롭지 않은 빈센트 본[15]의 영혼에게—라틴 학자 가운데서는 가장 고전적이며, 동시에 가장 영국적인 이 사람에게—평화가 깃들기 바란다! 그는 인간과 네 발 짐승과의 결연, 개와 인간과의 우정을 그의 가장 아름다운 시, '개의 비명(碑銘)'에서 다룬 바 있다. 독자여, 그 시를 음미해보시라. 그러고 나서 이와 같은 부드러운 시를 불러일으키게 한 것이, 늘 보는 광경이 넓고 번잡한 수도의 거리를 매일같이 걸어 다니는 통행인의 도덕적 의식에 그 성질상 해를 더 끼치나, 이익을 더 주나를 한번 말해보시라.

> 가련한 아이러스의 충직한 사냥개인 내가 여기 누워 있노라
> 이 몸은 나이 먹은 늙은 주인의 발걸음에 맞춰
> 그 길잡이가 되고 경호원이 되었노라. 내가 몸 바쳐 일하는 동안은
> 대로와 네거리에서 공포에 싸여 길을 더듬어 나가는
> 그 지팡이 쓸모가 없다네.

안심하고 나의 다정한 목줄에 이끌려,
확고하게 발을 앞으로 내딛고 돌곽 위 보잘것없는 자리에
몸을 앉히네.
가까이엔 오가는 행인의 물결이 빡빡하게 밀려 닿고
애써 지르는 비탄이 큰 소리로 아침부터 저녁까지 그 사람들한테
암흑의 신세를 탄식하네.
그런 한탄의 소리는 헛되지 않아, 때로는
마음 유덕한 사람들 돈푼을 준다네.
그러는 사이 이 몸은 그 발치에 누워 잠을 자네.
잠은 자지만 푹 잠들지 않고 마음과 귀는
주인의 미동에는 번쩍 깨어,
그 다정한 손에서 늘 먹는 빵 조각을 받고.
다 같이 부스러기의 향연을 나눈다네.
밤이 되어 집으로 돌아갈 때면
온종일 지루한 동냥에 지쳐 하루가 가버린다네.
이것이 나의 모습이며, 나의 삶의 길이며,
결국 노쇠와 병마에 걸려들어
나의 눈먼 주인의 곁을 하직하고 만다네.
그러나 이런 선행의 자비가 세월과 더불어
말없이 잊혀지고 사라져갈 것을 두려워하여
이 조촐한 잔디 덮인 무덤을 아이러스는 세웠도다.
보잘것없으나 정성어린 손으로 세운 기념비,
짤막한 시를 거기 새겨

거지와 개의 미덕을 오래오래 끊기지 않는,
결합으로 증명하기 위해 적어두는 것이어라.

지난 몇 개월 동안 나는 침침한 눈으로나마 한 사나이의 잘 알려진 모습, 아니면 그 일부라도 찾아보았지만 헛수고였다. 그 사나이는 나무로 된 수레 같은 것에 올라앉아 번개같이 바퀴를 돌려가며, 런던의 포장한 길바닥 위를 그럴듯한 상반신을 내놓은 채 미끄러지듯 달려가는 굉장한 재주를 부리곤 했는데, 그 광경은 이 고장 토박이뿐 아니라 외국인이나 아이들에게까지 대단한 구경거리였다.

그는 건장한 체구에 혈색이 좋은 뱃사람과 같은 안색을 하고 있었는데, 폭풍우가 몰아치든 볕이 따갑든 어느 때고 맨머리를 드러내놓고 있었다. 그는 천성적으로 괴짜였으며, 과학하는 사람들에겐 연구대상이 되었는가 하면, 단순한 사람들에겐 괴물로 통했다. 어린아이들은 이 건장한 사람이 저희들 키만큼 작아지는 것을 보고 눈이 휘둥그레지곤 했다. 보통 절름발이들은 이 하체가 잘려 나간 거인의 꿋꿋한 완력과 세찬 용기를 보고 자신들의 무기력함에 모멸감을 느꼈다. 이 사나이를 알지 못하는 사람은 몇 안 되었다. 왜냐하면 이 사나이를 그 모양으로 만들어 놓은 사건은 1780년의 폭동[16] 기간에 일어난 것으로, 그는 땅바닥을 기어 다닌 지가 오래기 때문이다.

그는 땅을 가르고 태어난 안타이오스[17] 같았으며, 자신의 몸이 닿은 흙바닥으로부터 새로운 기운을 빨아들이는 것 같았다. 그는 하나의 장대한 조각으로, 엘긴[18] 경의 대리석처럼 훌륭했다. 그의 잘린 다리와 허벅지를 보충해줄 만한 정력은 사라지지 않고 다만 상반신으로 물러가서, 그는 그야말로 반쪽의 헤라클레스였다.

　나는 지진이 나기 전에 일어나는 것 같은, 천둥을 치듯이 우르르거리는 무시무시한 목소리를 들은 일이 있다. 그런데 눈을 아래쪽으로 향해 내려다보았더니, 그것은 자신의 무서운 모습을 바라보고 놀란 군마를 야단치는 이 괴물의 소리였다. 그가 제대로 키만 갖추고 있었다면 이 무서워서 떨고 있는 버르장머리 없는 네발짐승을 갈기갈기 찢어놓았을 것이다. 그는 마치 말 쪽의 절반을 저 소름 끼치는 라피사의 전쟁[19]에서 갈가리 찢기고 인간의 부분만이 남은 켄타우로스[20] 같았다. 그는 이미 잃어버린 반쪽을 움직일 수 있는 것처럼 앞으로 나아갔다. 위를 바라보는 얼굴은 나무랄 데가 없었고, 하늘을 향해 그래도 유쾌한 얼굴을 내던지는 것이었다. 마흔하고도 두 해나 더 이 거리의 사업을 추구해왔으며, 이제 그 머리털은 그 일 때문에 희끗희끗해졌지만, 그의 꿋꿋한 정신은 조금도 손상되지 않았다. 그는 자기의 자유로운 생활과 운동을 빈민 구제원의 얽어맨 생활과 바꾸는 데 만족하지 않아서 권위를 무시하고 제멋대로 했다는 잘못으로 감화원들(얄궂은 이름이다) 처벌을 받고 있는 중이다.

　이와 같이 날마다 볼 수 있는 광경을, 그것을 없애버리려고 법률상의 간섭을 끌어들일 만큼 사회악으로 간주해야 한단 말인가? 아니면 오히려 대도시의 통행인들에게 기분 좋은 감동을 줄 수 있는 존재가 될 수는 없단 말인가? 도시의 갖가지 구경거리들, 박물관들, 그리고 밤낮 입을 벌리고 기다리고 있는 호기심을 채워주는 여러 가지 사건들 가운데서(그리고 대도시라는 것은 구경거리, 한 정 없는 구경거리 더미 말고 또 무엇이 있겠는가? 그 밖에 무엇을 더 바랄 수 있겠는가?) 한 가지 변덕(진정 그것은 자연의 변덕은 아니지만), 즉 우발적 사건으로 인한 기형을 받아들일 만한 여유는 없었단 말인가? 마흔두 해라는 짧지 않은 세월을 돌아다니면서 이 사나이가 수백 파운드라는 재산(풍문에 따르면)을 자기 자식에게 물려줄 만큼 돈푼을 그러모았다고 해서 누가 이 사람 때문에 피해를 입었겠는가? 아니면 누가 이 사람에게 사기라도 당했단 말인가? 동냥을 준 사람들은 그 몇 푼으로 인해서 기분 좋게 구경을 했던 것이다.

그가 하루 종일 따가운 햇볕을 쬐고, 비를 맞아가며, 혹은 찬 서리를 맞으며 그 흉측한 몸통을 고심참담하게 이끌고 밀고 다닌 뒤에 밤이면 그의 동료 절름발이 클럽에 들어가서 따끈한 고기와 야채 요리를 즐길 수 있었다는 이유로 어느 성직자에 의해 하원 위원회에 엄중한 고발을 당했다. 이러한 것은, 혹은 그의 참된 아버지다운 애정은(재산을 물려준 것이 사실이라면) 태형이 아니라 오히려 동상이라도 세워줄 만한 가치가 있는 것이며, 적어도 그가 밤에 진탕 마시고 떠들어댔다고 비난을 받은 과장된 추문과는 부합하지 않는다. 그가 스스로 택한, 남에게 해를 끼치지 않는, 아니 오히려 남에게 교훈이 될 만한 생활 방법을 박탈당하고, 늘그막에 와서 건장한 무뢰한이란 이유로 처벌을 받지 않으면 안 될 까닭이 과연 있겠는가?

그전에 요릭[21]이라는 사람이 있었는데, 그는 절름발이들의 연회에 참석해서, 축복의 말을 던지고, 그들의 친구라는 표시로서 적으나마 성의껏 기부까지 하는 것을 창피하게 생각하지 않았다. "노인장, 그대는 그대의 혈통을 잃었도다."[22]

거지들이 동냥으로 막대한 재물을 긁어모았다는 이야기 중의 반수는 구두쇠들이 모함하느라 지어낸 이야기들이다(내 믿음은 그렇다). 얼마 전의 일로 신문에서 상당히 떠들어댄 문제가 있는데, 그 흔히 보는 자선적인 일에 대한 추리가 여러 가지로 나오게 되었다. 영국 은행에 근무하는 한 행원이 이름도 알지 못하는 어떤 사람으로부터 500파운드나 되는 유산을 물려받게 되었다는 통고를 받고 어리둥절했다. 그는 매일 아침 자기가 살고 있는 페컴[23](아니면 그 인근 어느 마을)으로부터 은행까지 걸어 다녔는데, 최근까지 20년 동안에 걸쳐 버러[24]의 길가에 앉아 적선을 비는 눈먼 바디메오[25]의 모자 속에다 어김없이 반 페니를 던져 넣는 것을 실천해왔던 것이리라. 그 착한 늙은 거지는 매일같이 은혜를 베푸는 이 은인을 오직 목소리로만 알고 있었는데, 죽을 때가 되자 동냥으로 모아놓은 것 전부를(그만큼의 분량을 모으기에는 아마도 반세기는 걸렸을 것이지만) 옛 은행원 친구에게 물려주었다. 이 일화는 장님에게 적선을 베푸는 것을 꺼림으로써 사람의 마음과 몇 푼의 동전을 꺼내는 주머니를 닫아버리라는 이야기였단 말인가? 그게 아니라 한편으로 볼 때 잘 쓰인 자선이고, 또 한편으로는 고귀한 보은을 나타내는 아름다운 교훈이 아니겠는가?

나는 때때로 내가 그 은행원이었다면 얼마나 좋았을까 하고 생각한다.

나는 대낮에도 보이지 않는 눈을 껌벅거리면서 위를 올려다보는, 고마움으로 가득 찬 이 불쌍한 늙은 거지를 본 적이 있는 것도 같다.

이 가련한 사람을 보고 나의 돈주머니를 잔뜩 졸라맬 수가 있었단 말인가?

아마 잔돈이 없었을 것이다.

독자여, 사기, 협잡 같은 심한 말에 움츠러들지 말라. 주라, 그러고는 묻지 마라. 그대가 가지고 있는 빵을 물 위에 던져라.[26] 알지 못하는 사이에(이 은행원처럼) 천사를 대접한 경우도 있으리라.[27]

꾸며낸 불행이라고 해서 그대의 주머니 끈을 항상 졸라매 놓아서는 안 된다. 때때로 자선을 행하라. 가난한 자가 그대 앞에 찾아왔을 때(외관상으로만 그렇게 보일 경우), 그자가 도움을 얻고자 애원하는 구실로 그 명목을 대는 '나이 어린 일곱 명의 자식들'이 과연 있는지, 어떤지를 캐묻는 일 따위를 하지 말라. 반 페니를 아끼려고 탐탁지 않은 내막까지 미주알고주알 따지고 들 필요는 없다.

그를 믿는 것이 좋으리라. 설령 그가 하는 소리가 새빨간 거짓말이라 하더라도, 일단 주라. 그리고 한 가정의 가장이라고 사칭한 자에게 베풀었다 하더라도(만약 그래서 괜찮다면) 그대가 빈곤한 독신자를 구제했다고 생각하면 된다. 또 그들이 표정을 꾸며가지고, 치사하게 만든 목소리로 다가오면, 배우라고 생각하라. 그대는 희극 배우가 이따위 꼴을 꾸미는 것을 구경하려고 돈을 치르고 보지만, 이들 가난한 사람들에 관한 한은, 과연 그들이 꾸며낸 것인지 진실인지를 확실히 가려낼 수가 없다.

기혼자의 거동에 대한 미혼 남자의 불평

 내가 독신인 까닭에 결혼한 사람들이 누릴 수 있는 엄청난 즐거움을 놓치고 있다고들 하는데, 대신 내게는 시간이 아주 많기 때문에 그들의 여러 가지 약점을 적음으로써 스스로 마음을 달래려고 한다.
 나는 오래전에 이미 실질적인 궁리를 거듭한 끝에 반사회적인 결심을 하게 되긴 했지만 부부 싸움을 보고 큰 충격을 받았다든지 또는 그것이 그런 결심을 굳혀놓았다고는 말할 수 없다. 내가 방문한 기혼자들의 집안에서 제일 많이 내 비위를 거슬리는 잘못은 전혀 엉뚱한 부분이다. 즉 그들이 지나치게 사이가 좋다는 것이다.
 아니, 그것도 아니다. 그 말은 내가 뜻하는 바를 제대로 설명해주지 못한다. 그것이 내 비위를 뒤집어놓을 게 뭔가? 이 세상천지에서 자기네 둘만의 세계를 만들고 함께 있는 것을 즐기는 바로 그 행위 자체가 이 세상 전부보다도 서로를 더 아낀다는 뜻인데 말이다.
 그러나 내가 불만인 것은 그들이 서로 좋은 거야 좋은 거지만 너무하다 싶을 정도로 드러내놓고 좋아한다는 것이다. 그리고 창피하지도 않은지 우리 독신자 면전에서 으쓱거리는 꼴 하며, 어쩌다 잠시라도 그들하고 같이 있게 되면 무슨 솔직하지 못한 암시나 공공연한 말로 '당신 따위'는 좋아할 상대가 못 된다는 것을 알아차리게 한다.

그런데 세상일 중에는 넌지시 비춘다든가 그저 당연한 것으로 밀어붙이면 그러려니 하겠는데 입 밖에 쏟아놓으면 화를 치밀게 하는 것이 적잖다. 만약 어떤 남자가 자기가 아는 생김새도 시원치 못하고 옷차림도 볼품없는 젊은 여자에게 다짜고짜 다가가서 당신은 내게 걸맞을 만큼 예쁘지도 못하고 잘살지도 못하니까 난 당신과 결혼을 할 수 없다고 말한다면 상놈의 자식이라고 발길로 채여 마땅하다. 그러나 그 남자가 여자에게 충분히 청혼을 할 여건이 되는데도 그럴 생각조차 하지 않고 있다는 데서 이미 사정은 뻔하다. 그 젊은 여인은 그 말을 들은 거나 다름없이 환히 알고 있다. 그렇다고 이런 경우 사리에 멀쩡한 여자가 트집을 잡아 싸움을 걸 생각을 하겠는가?

그런 이치와 마찬가지로 결혼한 남자가 말이나, 그에 못지않게 명백한 표정으로 당신은 불행한 남자, 즉 여자의 선택을 얻지 못한 사람이라고 떠들 권리는 없다. 나 스스로 그런 자격의 인간이 못 된다는 것을 아는 것만으로 충분하다. 자꾸 깨우쳐줄 필요는 없다.

아는 게 뛰어나다든지 돈이 많음을 과시하는 것은 다른 사람들에게 굴욕감을 주기에 충분하나 이런 것들은 정상을 참작할 여지가 있다. 나를 모욕하려고 튀어나온 지식은 뜻밖에 나를 분발시켜줄 수도 있고, 부잣집에 가서 그 집에 있는 그림을 본다든지 엄청난 정원이나 뜰을 구경하는 것은 적어도 일시적 사용권을 행사하는 셈이 된다. 그러나 결혼한 사람의 행복을 과시하는 행동에서는 이런 정상을 참작할 여지가 없다. 그것은 처음부터 끝까지 순전한, 그리고 보상받을 길 없는, 무조건적인 모욕이다.

　결혼이란 최상의 칭호를 달아준다 해도 일종의 독점이며 그중에서도 가장 불유쾌한 유형이다. 그만한 행운을 차지하지 못한 이웃 사람들이 그런 은전을 보지 못하면 그 권리에 대해서 이의를 제기하지 못하도록 가능한 한 자기들의 유리한 점을 남의 눈에 띄지 않게 하는 것이 자기만의 특권을 가진 자들 대부분의 술책이다. 그렇지만 이 결혼의 독점자들은 자기들 특허권 중의 제일 밉살스런 토막을 우리들 면전에 밀어붙인다.

　세상에 신혼부부의 면상에, 특히 신부 얼굴에서 풍기는, 그 혼자 보기 아까운 득의만면해서 만족해하는 꼬락서니라니, 그 이상 나의 비위를 건드리는 것은 없다. 그 표정은 이 세상에서 내 갈 길은 결정되었으니 당신이 나를 바라보았자 소용없다고 말한다. 내게 여자가 없는 것은 사실이다. 그렇다고 바라지도 않는다. 아까 말한 대로 결정된 사실로 인정은 해야 하겠지만 떠벌릴 필요는 없다.

　결혼한 사람들이 우쭐거리면서 도에 넘치게 거만하게 구는 데는 우리 미혼자들이 알지 못하는 데서 오는 까닭도 있겠지만 사리가 빤한 사람들이 그럴 때는 더욱 울화통이 터진다. 그들 무리 속에 한 몫 낄 행운도 타고나지 못한 우리들보다는 그들이 자기네 결혼한 패거리에 속해 있는 수수께끼를 훨씬 더 잘 알고 있다는 점은 인정해주겠다. 그러나 그들의 거만함은 결코 그러한 한계에 만족하는 법이 없다. 가령 독신자가 기혼자들 앞에서 어떤 문제에 관해 소견을 말하면 그것이 결혼과는 전혀 무관한 이야기인데도 말할 자격이 없다는 듯이 즉각 말문을 막아버리는 식이다.

뿐만 아니라 아주 우스운 이야기지만, 내가 아는 한 젊은 여성은 결혼한 지 2주도 안 되었을 때, 운수 사납게 나와 서로 견해가 다른 문제, 즉 런던 시장에 공급되는 굴을 가장 올바로 양식하는 방법을 놓고 떠들다가 당신 같은 노총각이 그런 문제에 대해서 뭘 아는 체 하고 나서느냐는 식으로 조소 어린 질문을 했다.

그러나 지금까지 한 이야기는, 대체로 그렇듯이, 이들이 아이를 낳고 나서 거들먹거리는 태도에 비하면 아무것도 아니다. 아이들이 그다지 귀한 것도 아니고, 거리마다 뒷골목마다 구더기 끓듯 하는 게 아이들이며 째지게 가난할수록 쪽박에 밤 담아놓은 꼬락서니다. 결혼했다 하면 최소한 이런 떨이물건 같은 것 하나쯤 못 갖는 사람이 없다. 거기다 녀석들은 툭하면 앓아눕고, 못된 길로 빠져들어 재산을 바닥내고, 집안 망신시키고, 결국에 가선 교수형으로 신세를 끝장내는 등, 부모의 그 알량한 기대를 묵사발 내놓는 흔하디흔한 경우를 생각해보면 아이를 갖는 게 자랑거리가 될 이유가 하나도 없다. 가령 아이라는 것이 1년에 하나밖에 태어나지 않는 불사조 새끼라면 뻐길 구실이 될지 모르겠다. 그러나 아이들이란 너무 흔해빠진 것이거늘.

나는 여자들이 아이들이 생겼을 때 자기 남편한테 뻐기는 건방진 태도를 말하는 것이 아니다. 그거야 자기네들끼리 알아서 하라지. 그러나 무엇 때문에 그들의 신하로 태어나지 않은 우리들이 조미료, 몰약, 향료, 즉 찬양의 뜻이 담긴 공물과 존경을 갖다 바치도록 되어 있는지 도무지 모르겠다.

"어린 자식은 장사(壯士)의 수중에 화살과 같으니"[1]라는 말이 여인의 순산에 감사드리는 말로서 기도서 중에 적혀 있다. 그래서 "이것이 그 화살통에 가득한 자는 복되도다"[2]라는 말에 나도 이의는 없다. 그러나 아무 무기도 지니지 않은 우리들에게 그 화살통에서 화살을 뽑아 쏘지 말라. 자식이 화살이라는 것은 좋지만 우리를 찔러 상처 나게 하지 말라는 것이다.

대강 내가 눈여겨본 바로, 이 화살은 활촉이 두 갈래로 갈라져 있어 어느 쪽으로든 한 번은 맞게 되어 있다. 예를 들면 당신이 아이들이 와글거리는 집을 찾아갔을 때 어쩌다 그 애들한테 관심을 기울이지 않으면(아마 다른 것을 생각하고 있다가 그들의 다정한 애정 표현을 놓치는 경우), 당신에겐 영락없이 고집불통에다 까다롭고 아이를 싫어하는 사람이라는 낙인이 찍힌다. 반면 그 아이들이 보통 이상으로 예쁘게 보여, 아이들의 귀여운 행동이 기특해서 장난도 하고 놀아주면 십중팔구 이런저런 구실을 붙여 아이들을 집 밖으로 내보내고 만다. 아이들이 너무 시끄럽다든지, 너무 떠들어 기둥뿌리를 빼놓겠다든지, 또는 아무개 씨가 아이들을 좋아하지 않아서라든지 하는 구실을 붙여서 말이다. 이런 갈라진 화살에 어느 쪽이건 당신은 맞고 말 것이다.

나는 그들의 시기심을 용서할 수도 있고, 그까짓 개구쟁이 녀석들하고 놀아주는 것이 그렇게 배가 아프다면 그쯤은 얼마든지 집어치울 수도 있다. 그러나 귀여워해줄 건더기가 조금도 없는 아이들을 사랑해주라고 귀띔을 하는 것, 뭐 여덟 명인지, 아홉 명인지, 열 명인지 모를 온 가족을 모조리 사랑하라는 것, 그리고 아이들이란 참말로 사랑스럽기 때문에 그 모두를 사랑하라고 하는 것은 말도 안 된다고 생각한다.

그야 "저를 사랑하시거든 저의 개도 사랑해주셔요"라는 속담이 있는 것은 알지만 그게 언제고 그대로 실행될 수 있는 것은 아니다. 특히 개가 주인을 얕보거나 장난으로 물고 덤비는 따위의 짓을 할 때는 더욱 안 된다. 그러나 개라든지, 또는 그만 못한 것이라도, 즉 기념품 같은 것, 시계, 반지, 나무, 또는 친구가 오랫동안 돌아오지 못할 작별을 나누던 장소 같은 생명이 없는 대상까지도 나는 사랑할 수 있다. 왜냐하면 그를 사랑하고 그를 생각나게 해주는 것은 무엇이고 사랑하기 때문이다. 만일 그것이 본질적으로 색채가 없다면 그것은 우리 상상의 힘으로 만들 수 있는 어떠한 색채라도 띨 수 있다.

그러나 아이들은 실질적인 특성을 가지고 있고 그들 나름대로의 본질을 지니고 있다. 그들은 그 자체가 귀엽든지 혹은 밉든지 어느 한쪽이다. 밉든 곱든 그들의 성질 속에서 이유를 찾아 좋아하든 싫어하든 해야 한다. 어린이의 천성이란 진정 중요한 것이어서 다른 사람의 단순한 부속물로 취급되어서도 안 되고 기분에 따라 사랑을 받는다든지 미움을 받아서도 안 된다. 그들도 어른과 똑같이 그들 독자의 뿌리를 가지고 있다.

아, 그러나 당신은 말할 것이다. 그들은 확실히 매력적인 나이라고, 몽실몽실한 유년기에는 그 속에 우리의 마음을 잡아끄는 무엇이 있다고 말이다. 그런 까닭에 나는 어린이에게 까다롭게 대한다. 어린이는 그들을 낳아준 자상한 어른들과 더불어 참으로 사랑스러운 존재다. 그러나 어떤 사물이 예쁘면 예쁠수록 그것이 그 종류 중에서 뛰어나기를 더욱더 바라게 된다. 한 송이의 데이지꽃은 그 화려함이 다른 데이지꽃과 별로 다를 게 없다. 그러나 오랑캐꽃은 그 모양이나 향기가 그 종류 가운데서는 가장 아름다워야 한다. 그래서 나는 관심이 가는 여자들과 아이들한테는 오히려 늘 까다롭게 군다.

그러나 이것이 가장 못된 경우라곤 할 수 없다. 적어도 우리는 결혼한 사람들과 가까이 지내야지 그렇지 않으면 무관심하다는 불평을 듣게 된다. 그런 소릴 안 들으려면 찾아간다든가 말하자면 교류 같은 것을 해야 한다. 그러나 그 남편이 결혼 전부터 당신과 친밀히 지내던 사이였다면, 즉 부인 쪽을 알아서 찾아온 것이 아니라면, 되풀이하거니와 그 부인의 허락 하에 슬그머니 그 집에 들어온 것이 아니라, 그들 부부의 청혼 문제가 튀어나오기도 전부터 항상 함께 붙어 지내던 죽마고우라면 조심하라. 당신의 친구로서의 권한도 위험에 처해 있다. 장담하건대 열두 달도 못 가서 당신의 옛 친구가 차츰 냉담해지다. 태도를 바꾸어서 결국에는 절교를 선언할 기회를 찾을 것이다.

내가 아는 사람들 중에 깊이 믿을 수 있는 기혼자 친구는 그 우정이 그의 신혼 기간을 보내고 난 뒤부터 시작된 사람뿐이다. 남자들 사이의 우정이라도 어느 정도 제한이 있으면 부인들도 그것을 참을 수 있다. 그러나 착한 남편이라도 부인과 상의 한마디 없이 감히 죽자 살자 하는 우정을 맺는다는 것, 비록 그 우정이 부인이 그 남자를 알기 전부터 있었으며 그것이 지금의 남편과 부인이 아직 만나기 전의 일이라 하더라도 그것은 부인들에게는 견딜 수 없는 일이다. 해가 거듭된 오랜 우정이나 예부터 이룩된 진정한 친분이라 하더라도, 모두 아내의 사무실에 가지고 가서 마치 한 나라의 주권을 쥔 왕자가 자기나 태어나기 전이거나, 생각마저 할 수 없는 이전 시대에 만들어진 낡은 돈을 일단 회수해서, 자기의 위풍을 나타내는 각인으로 새롭게 명시하여 주조해서 세상에 유통시키는 것과 마찬가지로, 부인들 사이에서 유통할 수 있는 화폐로 새로이 각인을 찍어야 한다. 이와 같이 새것으로 돈을 주조하는 마당에 나와 같은 한낱 녹슨 쇠붙이 조각한테 대개 어떤 운수가 내려씌울지는 어렵잖게 짐작할 수 있다.

부인들이 당신을 모욕하고 자기네 남편의 두터운 우정으로부터 당신을 내모는 수법은 한두 가지가 아니다. 마치 그럴듯한 소리를 지껄여대는 괴상한 친구, 단지 괴짜인 양 당신이 말하는 것을 놀랍다는 태도로 비웃는 것도 한 가지 수법이다. 그들은 그런 심산을 가지고 까다로운 눈으로 빤히 쳐다본다. 그러면 결국에 가서는 당신의 판단력에 경의를 아끼지 않았고, 당신에게서 찾아볼 수 있었던 일반적인 식견(전혀 저속한 것이 아닌)으로 봐서 사물에 대한 식별력이나 태도에 쓸데없는 군더더기 같은 것이 조금쯤 눈에 띈다 해도 묵과했던 남편도 당신이 이제는 아주 우스꽝스런 친구가 아닌가, 말하자면 독신으로 지내는 동안에는 교제해도 괜찮겠지만 부인에게 소개하기에는 마땅하지 않은 자가 아닌가 의심하게 된다. 이것을 사람을 빤히 쳐다보는 수법이라 하겠는데, 이런 수법은 나한테 아주 흔히 쓰인다.

그 다음으로는 과장하는 수법, 혹은 역설적인 수법이 있다. 이를 테면 남편이 당신에 대해서 품고 있는 존경심이 뿌리가 깊어 그 끈질긴 애착심을 쉽게 흔들어버릴 수 없다는 것, 즉 당신이 자기네 남편의 특별한 존경의 대상이라는 것을 부인이 알게 되면, 당신이 하는 말이나 행동 모두를 엄청난 과장으로 호들갑을 떨어 치켜세우는 것이다. 그러면 급기야 이런 것을 자기에 대한 칭찬으로 모두 일일이 깊이 이해하고 그 대단한 솔직성에 대해 의당 감사해야 한다는 마음의 빚에 진저리가 난 착한 남편은 오히려 좀 느슨해져서 그 열띤 마음을 어느 정도 식혀가지고 마침내는 대단치 않게 존중하는 수준으로 떨어진다. 그것이 당신에 대한 '점잖은 호의와 만족할 만한 친절'이 되면, 이 단계에서야 부인은 자기의 진심에 지나치게 긴장을 일으킨다든지 상처를 입히는 일 없이 남편과 함께 당신에게 호의를 가지게 된다.

또 한 가지 수법은(여자들이 마음에 둔 목적을 이룩하려고 부리는 방법은 수도 없지만) 순진함과 단순함을 가장한 태연한 태도로 애초에 남편이 당신을 좋아하게 된 원인을 계속 거짓으로 댄다.

만약 당신이 지니고 있는 어떤 빼어난 도덕적 품격이 남편이 당신을 존경하는 우의의 사슬이라면, 그것을 끊어버리기로 마음먹은 부인은 당신의 대화 중에 약간의 신랄함이 부족한 순간을 포착하여 당장 큰 소리로 "여보, 당신 친구 아무개 씨가 아주 재치가 많다고 하시지 않았어요"라고 끼어든다. 반면 남편이 당신을 처음에 좋아하게 된 것이 당신의 말재주가 뛰어나서였다면, 그래서 당신의 도의적 행동에 다소 어긋난 점이 있어도 이 때문에 탓하지 않고 넘어

간다면, 여자는 이런 낌새를 눈치 채기가 무섭게 즉각 "여보, 당신이 그 훌륭하다는 사람이 바로 이런 분이에요!"라고 외친다.

내가 어느 선량한 부인에게 그녀 남편의 옛 친구로서 당연히 받아야 할 것으로 생각되는 대접을 내게 해주지 않는 것에 대해서 무례한 줄 알면서도 항의를 했더니, 그 부인은 솔직하게 자기는 결혼 전부터 아무개 씨가 나에 관해서 이야기하는 것을 자주 들어서 나를 만나보고 싶은 생각이 간절했는데, 막상 만나고 보니 완전히 실망했다고 내게 털어놓았다. 그 까닭은 남편의 설명으로는 잘나고, 키가 크고, 장교 같은 풍채를 한 남자(부인의 말을 빌리면)라고 생각했는데 사실은 전혀 그 반대라는 것이 밝혀졌기 때문이라고 했다. 그것은 틀림없는 사실이었다. 그래서 나는 그 앙갚음으로 어떻게 자기 남편의 풍채보다 남편 친구의 풍채에 대한 기준이 더 높냐고 묻고 싶었지만 예의를 지키느라고 그만두었다. 왜냐하면 나의 친구의 체구와 나의 체구는 거의 같았기 때문이다. 그의 키는 구두를 신고 5자 5치인데, 나는 그보다 반 치가량은 더 크다. 그리고 그도 나처럼 별수 없이 풍채나 용모에 있어 군인다운 특징이라곤 하나도 눈에 띄지 않았다.

이와 같은 것들이 멍텅구리처럼 결혼해 사는 사람들을 찾아가서 망신을 당하고 돌아온 이야기다. 그런 일들을 일일이 열거한다는 것은 이득 없이 힘만 빼는 일이다. 그래서 나는 결혼한 여자들이 흔히 저지르는 잘못을 잠깐 훑어보려고 한다.

그들은 우리를 자기네 남편처럼 취급하려 들고, 또 반대로 남편을 우리처럼 다루려 든다. 말하자면 그들은 우리를 친숙하게 다루는가 하면 자기네 남편은 깍듯이 예절을 갖추어 대한다. 예를 들자면 조개 부인[3]은 요전 날 저녁 나의 평상시 저녁 시간보다도 두세 시간이나 넘게 저녁밥을 기다리게 해놓고, 남편 아무개 씨가 집에 돌아오지 않아 안달을 하고 있었는데, 남편이 없는 사이 굴요리에 손을 대는 실례를 범하느니 차라리 그 굴요리가 상하도록 놔두겠다는 태도였다.

이것은 예절의 목표를 뒤엎어놓는 것이었다. 왜냐하면 예절이란 우리가 다른 사람들보다 사랑이나 존중을 덜 받고 있다고 느낄 때 일어나는 불안감을 씻어버리기 위한 발명품이기 때문이다. 예절이란 보잘것없는 일들에 최고의 관심을 쏟아줌으로써 더욱 중요한 것에 대해 어쩔 수 없이 받지 못한 기분 나쁜 편애를 보상하려고 드는 것이다.

만약 조개 부인이 나를 위해서 굴요리를 따로 마련해두고, 저녁을 먹자는 성화같은 남편의 재촉에 끄떡 안 했다면 그녀야말로 예절의 엄격한 규범을 지켜 행동한 것이 되겠다. 부인들이 남편에게 지켜야 할 예절이란 조심성 있는 행동과 단정한 태도뿐이라는 게 내 생각이다. 그래서 나는 내가 아주 맛있게 먹고 있는 모렐라스[4] 산 버찌 접시를 자기 앞에서 맞은쪽 식탁 끝에 앉아 있는 자기 남편한테로 보내고, 그 대신 별맛 없는 구즈베리 접시를 독신자인 나의 미각에 권한 버찌[5] 부인의 그 식탐을 비난하지 않을 수 없다. 또 나는 남편 아무개 씨의 엉터리없는 무례를 너그럽게 용납할 생각도 없다.

그러나 나는 결혼한 나의 친구들 모두에게 음식 이름을 붙이는

데 싫증이 났다. 제발 그들이 그 태도를 고치고 바꿔주기 바란다. 그러지 않는다면 그들의 이름을 머릿자부터 끝자까지 전부 적어서, 앞으로 그런 무례한 자들이 겁을 먹고 몸 둘 바를 모르게 할 것을 약속해둔다.

오늘날의 신사도

옛 풍습과 오늘날의 풍습을 비교해볼 때, 우리는 신사도라는 주제를 두고 스스로 흡족해한다. 신사도란 여성에게, 여성이라는 이유만으로 일종의 아첨이나 공손한 존경심을 표하는 것이다.

우리의 예의범절이 시작된 19세기에 들어와서야, 여성을 극악무도한 남자 범죄자와 똑같이 여러 사람들 앞에서 툭하면 매질하는 따위의 흔한 행위가 사라지기 시작했다는 사실이 잊힐 때, 그때야 비로소 나는 이 신사도가 발동하게 되었다고 믿을 것이다.

영국에서 아직도 여자들이 때때로 교수형을 당한다는 사실을 외면해버려야 그것이 영향력이 있음을 믿을 것이다.

여배우가 신사들에게 야유를 받고 무대에서 쫓겨 내려오는 일이 없게 될 때, 비로소 나는 그것을 믿을 것이다.

멋쟁이 신사가 생선 장수 마누라 손을 잡아 도랑을 건너 준다든지, 재수 없이 짐마차하고 박치기를 해서 쏟아져 흩어진 과일을 주워 담는 사과 장수 아낙을 도와준다면 나는 그것을 믿을 것이다.

생활 면에 있어 격이 낮을지언정 이러한 고상한 행동에 있어서는 자기들 나름대로 누구 못지않고 일류라고 생각하는 이런 멋쟁이들이 자기들이 알려질 리가 없고, 혹은 아무도 보지 않는다고 생각되는 곳에서 신사도를 실천에 옮길 때, 즉 예를 들면 어떤 부호 상인의 용무를 대신해서 길을 나선 여행자가 같은 마차의 위칸에 타고 자기 동네로 돌아가는 가난한 여자가 비에 흠씬 젖은 것을 보고 자기가 애지중지하는 외투를 그 무방비 상태의 여자 어깨에다 걸쳐주는 것을 본다면, 또는 런던의 어느 극장 바닥 정면 2층 맨 뒷자리에 서서 보던 여인이 애를 쓰다 결국 지쳐 쓰러진 것을 보고 근처에 편안히 앉아 있던 남자들이 그녀의 고통을 조롱하는 일 같은 것을 보지 않게 된다면, 또 다른 사람들보다는 예의나 양식(良識)이 나아 보이는 사람이 "그 여자가 조금만 더 젊고 예쁘더라도 내 자리로 모실 텐데……"라고 의미심장하게 단언하는 일이 없어진다면 비로소 나는 이 신사도를 믿을 것이다. 이런 맵시 있는 상인이나 먼젓번 승객이 그들이 잘 아는 여인들 가운데서 보이는 행동거지를 보면 여러분은 로스베리[1]에서는 그들보다 더 예절이 바른 사람을 본 일이 없다고 할 것이다.

마지막으로 이 세상 절반 이상의 고되고 천한 일이 여자 손으로 이루어지는데, 그것이 자취를 감추게 될 때 신사도가 우리 행동에 작용하고 있다고 믿을 것이다.

그날이 올 때까지는 이 자랑스러운 신사도 사상이란 한낱 판에 박힌 허구에 불과하고, 남녀가 똑같이 그들의 이익을 찾을 수 있는 어떤 한정된 계급이나 나이대에만 존재하는, 남녀 사이에 꾸며진 겉치레밖에 안 된다고 믿는다.

점잖은 사람들 사이에서 젊은이에게와 마찬가지로 노인에게도,

잘생긴 사람이나 못생긴 사람이나, 얼굴색이 거친 사람이나 깨끗한 사람을 막론하고, 즉 여자가 아름답다든지, 재산이 있다든지, 또는 귀족이라든지 하는 것이 아니라, 단지 여자라는 이유로 똑같은 대접을 베푸는 것을 보게 되면 그때야말로 이 주의를 인생의 유익한 이야기 가운데 올려놓고 싶을 것이다.

　잘 차려입은 모임 가운데서 역시 잘 차려입은 신사가 '나이 든 여자'란 화제가 튀어나와도 비웃지 않고, 또 비웃으려는 생각조차 안 할 때, 점잖은 사람들 사이에서 '노처녀'라든지 '팔리지 않은 쓰레기'라든지 하는 소리가 튀어나왔다면 그런 소리를 들은 사람은 남녀를 불문하고 즉석에서 분개할 줄 알 때 명실상부한 기사도가 확립되리라고 믿는다.

　브레드 가 언덕에 사는 상인이며, 남양 상사의 중역의 한 사람인 조지프 페이스, 저 셰익스피어 주석자 에드워즈[2]가 훌륭한 소네트를 써 보낸 바로 그 사람이 내가 만나 본 사람 중에는 단 한 사람의 일관된 기사도의 표본이라고 하겠다. 그는 내가 어렸을 적에 나를 거두어들이고 나를 위해 수고를 떠맡았다. 내 성질 가운데 뭔가 사업가 같은(대단치는 않으나마) 구석이 있는 것은 그의 교훈과 그를 본뜬 때문이다. 내가 더 이득을 못 본 것은 그의 실책이 아니었다. 장로교 집안에서 태어나 상인으로 자랐지만 그는 당대 가장 훌륭한 신사였다.

　그가 여성을 대하는 것을 보면, 응접실에서 만났다고 친절히 하고 가게나 노점에서 만났다고 다른 식이 아니었다. 그렇다고 그가 무분별한 것은 결코 아니었다. 여성이라는 일면을 무시해버린다든가 불의의 재난에 빠져 어려운 처지에 놓여 있을 때라고 그것을 모른 척하는 일이 절대 없었다.

나는 그가 길을 묻는 한 가난뱅이 식모 계집애한테 모자를 벗고 대답하는 — 웃고 싶은 독자는 웃어도 좋다 — 것을 본 일이 있다. 그것은 묻는 쪽이나 길을 가르쳐주는 쪽이나 겸연쩍게 만들지 않는, 극히 자연스러운 공손한 태도였다. 그는 흔히 하는 소리로 여자들 꽁무니나 쫓아다니는 위인이 아니었다. 오히려 여자들 쪽에서 별별 구실을 다 붙여 가지고 그 앞에 다가서려고 했으나 그는 여성을 그저 존경하고 치켜세울 뿐이었다.

나는 그 사람이 — 여기서는 웃으면 안 된다 — 퍼붓는 소나기 속에서 한 행상 아낙네를 만나자 행여 과일이 못 쓰게 될까 봐 그 여자의 보잘것없는 과일 바구니 위에 자기 우산을 높이 펼쳐 들고 마치 백작부인이나 모시듯 아주 조심스럽게 정중하게 호위해서 가는 것을 본 일이 있다. 나이 지긋한 여성의 존엄한 모습을 보면 우리가 우리 할머니에게 할 수 있는 예절 이상으로(비록 상대가 늙어빠진 거지 할머니라 할지라도) 길을 양보하여 벽 쪽으로 걷게 했다. 그는 당대의 용감한 기사였다. 자기들(여인들)을 보호해줄 캘리도어[3]나 트리스탄[4]이 없는 그들을 위해 캘리도어 경이나 트리스탄 경이 되어주었다. 그 찌들고 누렇게 된 두 볼에는 그를 위해 이미 시들어버린 지 오래된 장미가 아직도 피어 있었다.

그는 한번도 결혼한 일이 없었지만 젊었을 때 어여쁜 수잔 윈스탄리 — 클랩튼의 늙은 윈스탄리의 딸 — 라는 여자에게 구혼을 한 적이 있다. 결혼까지 가기 전에 그녀가 세상을 떠났기 때문에 그는 죽을 때까지 독신으로 살아갈 결심을 굳히고 말았다.

그가 들려준 이야기에 따르면 그의 짧은 구혼 기간 중에 어느 날 정중한 인사말—일반적으로 쓰는 여인 존중에 관한 치사의 말—한 보따리를 그 여자에게 건넸는데, 이제껏 그녀가 그런 종류의 이야기에 대해서 아무런 혐오의 표시를 보인 일이 없었건만 이때는 아무런 효과도 보지 못했다고 한다. 그녀는 이렇다 할 정중한 대답 한마디도 하지 않았다. 오히려 그의 찬사를 불쾌하게 여기는 것 같았다. 그는 그것을 그저 변덕으로 치부할 수 없었다. 왜냐하면 그 여인은 그런 단점을 보이는 일이 없었기 때문이다.

다음날 그녀의 기분이 좀 누그러진 것을 보고 용기를 내어 어제의 쌀쌀맞음을 탓했더니 그녀는 여느 때와 마찬가지로 솔직하게 털어놓았다. 즉 자기는 그의 마음 써주는 것이 싫지는 않았다, 좀 과분한 칭찬의 말도 참을 수 있다, 또한 그녀 같은 위치에 있는 젊은 여성이라면 온갖 칭찬의 말도 기대할 권리가 있다. 성실한 자세로 임했다면 대부분의 젊은 여성들처럼 그녀도 겸손한 마음에 상처 입지 않고 아첨의 말 한 첩쯤은 소화시킬 수 있다는 것이었다. 그러나 그가 치사의 말을 하기 조금 전에 그가 주문한 목도리를 약속한 시각에 가져오지 못한 젊은 여성을 거친 말투로 꾸짖는 것을 어깨너머로 우연히 듣고 그녀는 이렇게 생각했다고 했다.

"나는 수잔 윈스탄리 양이고 젊은 숙녀에다 소문난 미녀이며 재산도 상당한 걸로 알려져 있다. 나는 구혼을 청하는 이 훌륭한 신사의 입에서 고르고 고른 좋은 말들을 얼마든지 들을 수 있다. 그렇지만 만약 내가 볼품없는 메리 아무개(모자상 이름을 대며)였다면,

그리고 그 목도리를 약속한 시간에 가져오지 못했다면, 비록 그 목도리를 만들려고 밤새도록 앉아 있었다손 치더라도 내가 어떤 대접을 받게 되었을까? 그런 생각이 들자 나의 여자로서의 긍지가 나를 도와준 거예요. 그래서 나는 생각했어요. 당신의 찬사가 다만 나에게 경의를 표하는 거라면 나와 같은 한 여성도 좀 더 부드러운 말대접을 받았을 텐데······. 그리고 나는 결국 그런 치사(致謝)의 말을 받을 만한 당당한 요구와 자격을 내게 주는 여성성에 누를 끼치는 어떤 그럴듯한 인사의 말도 받지 않기로 결심했어요."

나는 이분이 자기 애인에게 한 비난 가운데 관대함과 정당한 사고방식이 깃들여 있다고 생각한다. 그래서 그가 평생토록 모든 여성을 차별 없이 대하는 행동과 처신을 가다듬게 한 흔치 않은 예의범절은 그의 요절한 애인의 입술을 통해 나온 교훈 덕분이 아니었을까 하는 공상을 가끔 한다.

나는 모든 여성이 윈스탄리 양이 보여준 것과 똑같은 생각을 품어주기를 바란다. 그렇게 될 때 우리는 변함없는 신사도라고 할 만한 무언가를 보게 된다. 그러면 남자의 변칙—아내에게는 참된 예절의 본보기가 되고 누이에게는 차가운 멸시나 무례의 본보기, 애인에 대해선 숭배자이자, 같은 여성인 고모나 또는 불행한—역시 여성인—시집 안 간 사촌누이에게는 험담과 경멸의 표본이 되는 꼴 따위는 보지 않게 된다. 여성이 어떤 형편에 놓였다 하더라도, 식모든, 더부살이든, 같은 여성의 존엄성을 더럽혀놓으면 꼭 그것만큼 자기 자신에 대한 존경심도 손상을 입어야 마땅하다. 그리고 여성에게 떼어놓을 수 없는 젊음, 아름다움, 그 외의 여러 가지 장점들이 매력을 잃고 보면 아마 손실을 느끼지 않을 수 없다.

여자가 구혼 중 또는 그 후에 남자에게 요구해야 할 것은 첫째로, 그녀가 단지 여성이라는 이유로 존중할 것, 그리고 그 다음은 다른 모든 여자보다 자기를 더 존중할 것, 이것뿐이다. 그러나 여성은 자신을 여성다운 성격 위에 세워놓기를 마치 주춧돌 위에 세워놓듯 해야 한다. 그리고 남자가 좋아할 경우 남자의 기호에 따라 많은 관심을 갖게 하기를 마치 본 건물에 붙이는 많은 아름다운 부가물이나 장식물같이 — 마음 내키는 대로 얼마든지, 그리고 기발하게 — 해보라. 여성의 첫째 배울 바는 상냥한 수잔 윈스탄리처럼 같은 여성을 존중하는 것이다.

귀에 대한 이야기

나는 귀가 없다.

오해 마시라, 독자 여러분. 그렇다고 내가 태어날 적부터 불쑥 튀어나온 한 쌍의 부속물, 매달려 있는 장식품, (건축 용어를 빌리자면) 사람의 머리 부분에 붙어 있는 잘생긴 이오니아식 소용돌이 모양 장식을 붙이고 나오지 못했다고 미리 짐작해서는 안 된다. 만약 그렇다면 어머니가 나를 낳지 않는 게 나았을 것이다.

말하자면 나는 이런 소리의 도관(導管)을 여러 개 달고 나왔다기보다는 민감하게 타고났다고 생각한다. 그래서 그 교묘한 미궁 같은 입구, 그 없어서는 안 될 양옆의 감각 기관으로 말하면 노새의 귀가 크다고 해서, 또 두더지의 귀가 예민하다고 해서 부러운 마음은 눈곱만큼도 없다. 나는 디포[1]같이 조금도 망신스러운 줄 모르고[2] 그까짓 귀 같은 것 없어도 상관없다고 뻔뻔스런 소리를 해가지고 그 창피 막심한 꼴을 당한 일도 없고 당할 짓을 한 적도 없다. 나는 디포처럼 칼의 형틀을 쓴 일이 없다는 것을 운 좋다고 생각하는 바지만, 애초에 타고난 내 운세가 그런 형을 당할 정도는 아니다.

그런 까닭에 내가 귀가 없다고 하는 것은—여러분은 이해하시겠지만—음악에 대한 이야기다. 아름다운 음악의 화음을 듣고 마음이 무르녹지 않는다고 하는 것은 더러운 자기 모욕이다. '물은 바다에서 갈라졌네'[3]라는 노래는 이상하게도 마음을 동하게 한다. '아기였을 때'[4]라는 노래도 마찬가지다. 그런데 그 노래들은 하프시코드에 맞추어 한 숙녀가 불렀는데, 그녀는 숙녀의 칭호를 받을 만한 여성 가운데 가장 정숙하고 가장 아름다운 분으로서—무엇 때문에 S부인이라고 이름을 밝히는 것을 주저하겠는가—한때는 성당의 꽃 같은 파니 웨더럴이라고 불리었고, 엘리아가 아직 길게 늘어지는 코트를 입던 나이 어린 개구쟁이 시절엔 녀석의 혼을 사로잡을 수 있었고, 감수성의 샘물이라고 일컬어지는 정열을 가지고 녀석을 타오르게 했고, 떨리게 했으며, 얼굴을 붉히게 했다. 그 샘물은 나중에 가서 앨리스 W———n[5]에게 압도되어 그녀를 섬기는 운명이 되고 말았지만 말이다.

 나는 정서적으로 화음을 동경하게끔 되어 있다고 생각한다. 그러나 타고난 기관은 노래를 부르기에 적합하지 못하다. 나는 평생을 두고 '하느님이시여, 국왕을 보살피소서'라는 노래를 연습해왔다. 아무도 없는 구석에서 휘파람도 불고 콧노래도 자꾸 흥얼거려보았지만, 아직은 제대로 부를 정도에 이르지 못했다고 사람들이 그러는 것이다. 그러나 국왕에 대한 엘리아의 충성심을 의심한 사람은 여태껏 없었다.

 내 속에 음악적인 재능이 미개발 상태로 숨겨 있지 않나 하는 의심도 없지 않다. 왜냐하면 요전 날 아침, 내 친구 A네 집에서 피아노를 마구 두들겨댔더니, 옆방에서 무엇인가 하고 있던 친구가 돌아와 "식모 계집애가 치는 게 아닐 줄 알았지!" 하고 흐뭇해했다. 처음엔 가볍고 능숙한 건반 치는 솜씨에 놀라, 내가 친다는 것은 꿈에도 생각 못하고, 제니가 아닌가 의심했다고 한다. 그러나 월등하게 세련된 운치 때문에 그는 금방 이 사람이 누구든, 기교 면에서는 서툴지만 모든 예술에 공통되는 원리에서 알게 된 보다 높은 품격을 가진 덕분에 교양이 부족한 제니로서는 제아무리 열을 내서 치더라도 뽑아낼 수 없는 그런 훌륭한 음을 낼 수 있다고 확신하게 되었다. 내가 이 말을 하는 것은 친구의 통찰력을 증명하기 위한 것이지, 제니를 얕봐서 하는 소리는 결코 아니다.

나는 과학적으로 악보가 어떤 것인지(알려고 노력은 좀 했지만) 전혀 알 수가 없다. 또 음표가 서로 어떻게 다른지 알지 못한다. 목소리에 있어 소프라노와 테너를 구별할 줄 모른다. 단지 때때로 베이스는 몹시 거칠고 유쾌하지 못하기 때문에 그럭저럭 추측할 수 있다. 그러나 내가 알지 못하는 아주 간단한 용어도 엉뚱하게 잘못 쓸까 봐 떨린다. 내가 자신의 무식을 고백하고 있지만, 무엇에 대해 무식한지도 모르겠다. 아마 용어 때문일 수도 있다. '소스테누토'와 '아다지오'[6]는 내게 비슷하게 모호하고, '솔, 파, 미, 레'도 '바라리프톤'처럼 마술 같다.

오늘날과 같은 시대에〔유발[7]이 전음계(全音階)를 우연히 발견한 이후, 내가 진정 믿는 바이지만 이전 시대를 모두 거쳐서 모든 화음 구성에 대한 빠르고 비판적인 이해가 성립된 지금에〕말하자면 감정을 부드럽게 하고, 그것을 드높이고, 가다듬는 예술의 마력적인 영향력에 대해 혼자 떨어져 아무렇지도 않다는 것은 어려운 노릇이다. 그러나 정직한 고백을 여기서 집어치우느니보다는 내친김에 다 털어놓겠다. 이렇게 치켜세운 내 음악적 재능으로 말하면 기쁨보다는 고통을 훨씬 더 많이 받아왔다는 사실이다.

나는 체질적으로 소리에 민감하다. 더운 여름날 목수의 망치 소리는 삼복지경의 광기 이상으로 사람을 괴롭힌다. 그러나 그런 뚝뚝 끊어지고, 제멋대로의 소리도 운율을 맞춘 음악의 해독에 비하면 아무것도 아니다. 귀라는 것은 그런 단조로운 두드림에 수동적이다. 분석할 게 아니라면 얼마든지 견딜 수 있다.

그런데 음악에 대해서는 수동적일 수가 없다. 부족한 능력을 가지고 미궁을 요리조리 헤쳐나가려고 든다. 적어도 내 귀의 경우에는 그렇다. 마치 까막눈인 주제에 애써 상형문자를 알아보려고 애쓰는 꼴이다. 나는 이탈리아 오페라를 구경하고 있었는데, 딴 이유 때문이 아니라 순전한 고역과 형언할 수 없는 고통 때문에 마침내는 사람들이 북적거리는 가장 시끄러운 거리로 달려 나왔다. 거리에서 나는 소음은 온 정신을 집중해 들을 의무도 없으니까 마음이 편한데, 그 노랫소리는 끝이 없고, 효과도 없는 무익한 주의를 기울여야 하는, 정신을 혼란시키는 고통이니 벗어나지 않을 수 없었다. 나는 꾸밈없이 소탈한 인간 생활의 소리들이 잘난 척하지 않고 모인 무리 속에 피난처를 구한 것이다. 그래서 호가스의 '분노한 음악가'[8]의 연옥(煉獄)은 나의 낙원이 된다.

한번은 성가극을 보러 가(즐거운 극장의 참뜻을 더럽히는 소리지만) 밑바닥에 앉아 청중의 얼굴을 살펴보니(호가스의 '웃고 있는 청중'과는 얼마나 대조적인가!) 그 얼굴들은 무표정하고, 기껏

해야 희미한 감상을 나타낼 뿐이었다. 결국 나는(누군가 말하기를 저승에서 우리가 차지할 일은 이승에서 우리를 즐겁게 해준 것의 그림자에 불과하다고 한 것처럼) 싸늘한 지옥의 극장 속에 앉아 있는 것을 상상해보았다. 그 속에서는 어느 정도 지상의 형태가 남아 있겠지만 그것을 즐기는 모습은 하나도 눈에 띄지 않았다. 또 그것은 마치

모두가 말이 없고, 모두가 저주받은 객실 속의 무리.

같은 것이었다.

무엇보다도 그 참을 수 없는 협주곡들과 소위 악곡들은 내 이해력을 혼란시키고 비참한 지경에 빠뜨린다. 언어라면 어떻게 할 수도 있겠는데, 끝이 없는 음향의 포격에 몸을 내놓아야 하고, 오랜 시간을 죽음의 상태에 놓여야 하고, 장미나무 형틀에서 사지를 뻗고 누워, 쉴 틈 없이 정신을 써 권태를 달래야 하고, 설탕 위에 꿀을 붓고, 다시 꿀 위에 설탕을 쳐서, 끝없이 지루한 달콤한 맛을 쌓아 올려야 하고, 소리를 감정으로 채워놓아야 하고, 그 소리에 맞추어 생각을 걸러내야 하고, 텅 빈 틀을 지켜보다가 억지로라도 그림을 그려 넣어야 하고, 마침표만 있는 책을 읽다가 문구를 집어넣어야 하고, 뭐가 뭔지 모를 무질서한 무언극의 애매한 몸짓에 답례하기 위해 즉석 비극이라도 꾸며내지 않으면 안 될 것 같은 감상들이 바로 그 노련하게 공연된 일련의 허망한 악극에서 내가 직접 체험한 것의 희미한 그림자이다.

음악회가 시작될 때 뭔가 상당히 마음을 달래주는 듯한 흐뭇한 기분이 든다는 것은 부인하지 않겠다. 그런데 그 뒤에는 권태스럽고 답답해진다. 마치 파트모스[9]의 그 실망스러운 책처럼, 또는 버튼이 묘사한 침울감의 방문처럼, 음악이라는 것은 처음에는 알랑거리며 다가오는 법이다.

"우울증이 든 사람한테는 외로운 숲속 나무나 물 사이나 냇가를 혼자 거니는 것이 가장 위안이 되며, 또 어떤 기쁘고 즐거운 일을 명상하며 기분 좋은 황홀감과 더없이 좋은 환각에 젖어드는 것이 최상의 기쁨이다. 하늘에 금기와집을 짓고, 스스로 흐뭇한 웃음을 지으며 해볼 수 있는 오만가지 배역을 다 해보고 자기가 연기하는 것을 상상하고, 또는 그 연기를 자신이 보고 있다고 상상하는 것은 비길 데 없이 즐거운 노릇이다. 이러한 짓은 처음에 싱딩히 기분이 좋아서, 밤낮을 가리지 않고 몇 날이고, 아니 몇 년이고 잠을 안 자고 사색과 허황한 명상에 빠져버리기도 한다. 마치 가지가지의 알 수 없는 엄청난 꿈을 꾼 것 같아서 그 꿈속에서 헤어나올 수가 없다. 여러 개의 괘종시계같이 태엽을 감고 풀고 하면서 만족감을 느끼는 것과 비슷하다. 그러나 마침내 '장면이 갑자기 바뀌어서' 명상하고 한적한 장소를 찾는 습관이 들면, 사람들과 어울리는 것도 견디지 못하게 되고, 거칠고 입맛 없는 일들만 생각하게 된다. 공포, 슬픔, 의심, 겸연쩍음, 불만, 걱정, 그리고 인생에 대한 염증 같은 것들이 별안간 그들을 습격해서 그 밖에 아무것도 생각할 여지가 없게 된다. 끊임없이 의혹을 품게 되어, 눈만 뜨면 우울증이라는 지옥의 역병이 그들을 사로잡아 마음에 침울한 기분을 잡아넣어 영혼을 떨게 한다. 그렇게 되면 무슨 수를 써도, 아무리 노력을 해도, 어떤 설득을 통해서도, 그들로서는 이것을 피하고, 벗어나고, 이겨낼 도리가 없다."

이 '장면 전환'이라고 하는 것을 천주교 신자인 내 친한 친구 Nov———의 집에서 열렸던 저녁 파티에서 경험한 일이 있다. 그는 일류 연주자로서 그 훌륭한 풍금의 도움을 받아, 자기의 객실을 예배당으로 바꿔놓았고, 평일을 주일로, 그 주일을 소천국으로 만들어놓았다.

이 친구가 찬송가 한 곡을 연주하기 시작했는데, 그 노래는 한 35년 전에 내가 컴컴한 웨스트민스터 사원의 측랑(側廊)을 거닐고 있을 때 우연히 무관심한 내 귓전을 두드려서, 처음으로 종교적 감흥을 일깨워주고, 옛 종교의 영혼을 내 젊은 마음속에 불어넣어 준 그 노래였다. 그 노래의 작자[10]가 악인들의 박해를 못 견디어서 그 자신 비둘기 날개를 소원하는 노래인지 또는 절제와 비애감에 싸인 젊은이가 무슨 방법으로 자기의 마음을 눈처럼 깨끗하게 할 수 있는가를 묻는 노래인지는 몰라도 거룩한 평온이 내 마음속에 가득 넘쳤다. 나는 잠시 동안

> 지상을 초월한 황홀경에 빠져날 때 약속받지 못한 환희를 손에 잡은[11]

것 같은 기분이었다.

그러나 이 마력의 주인은 사람의 영혼을 굴복시킨 것만 가지고

는 만족치 않고 그 위력을 몰고 나가, 영혼이 감당할 수 있는 능력 이상의 축복을 부어주려고 했다. 그의 '천상의 것'을 가지고 '지상의 것'을 압도하려고 애가 달아가지고 몇 시간이고 연장을 해서 소리의 바다로부터 새로운 물결을 자꾸자꾸 밀어 보내고, 저 무진장의 독일 대양으로부터 파도를 갖다 쏟아 붓는다.

그 독일 바다 위로는 승전의 행진처럼 저 유명한 아리온[12]인 하이든과 모차르트가 돌고래 등에 타고, 트리톤[13]인 바흐와 베토벤을 양옆에 거느리고 앞장서 나온다. 그리고 그 수가 하도 엄청나서 세어보려면 나도 바다 속 깊숙이 들어가야 할 형편이다. 나는 그 화음의 위력에 눌려 어찌할 바를 모르고 이리저리 비틀거리며 허둥댈 뿐이다. 또 유향(乳香) 같은 구름이 나를 짓누르고—사제(司祭), 제단, 향로 같은 것들이 정신 못 차리게 번쩍대고—로마 천주교의 교리가 나를 고역으로 몰아넣고—재능이 넘치는 내 친구의 조금 전까지 아무것도 없던 이마 위에는 그림자 같은 삼중 왕관이 씌워진다. 그는 교황이 되었다. 그리고 그 곁에는 꿈속의 엉뚱한 변칙(變則)처럼 여자 교황[14]이 역시 앉아 있다. 교황과 똑같이 삼중 왕관을 쓰고! 나는 구교로 개종했지만 아직은 신교도이다. 일시에 이교의 쇠망치가 튀어나와 나 자신 이교의 교주가 되고, 아니 내 몸뚱이 하나에 세 파의 이교가 자리잡는다. 나는 마시온, 에비온, 세린서스[15]가 되기도 하고, 곡과 마곡[16]도 된다. 그 외에 무엇은 안 되겠는가?

드디어 만찬상이 들어와 그 쓸 데도 없는 허구가 풍비박산하고, 루터도 정말 좋아했다는 맥주 한 잔을 들이켜자(그 점에 있어서는 내 친구도 별반 까다롭게 굴지 않으므로) 나는 당장 더욱 순수한 신앙의 합리적인 생각으로 마음이 푸근해지고, 주인 부부의 진정 평화롭고 즐거워하는 모습을 되찾게 된다.

만우절

나의 존경하는 여러 선생님들께 계절의 인사를 드리고, 따라서 우리 모두에게도 4월 초하룻날의 신나는 일이 쏟아지길 바라오.

여러분에게 이날의 행복이 잔뜩 돌아오기를 바라오. 당신에게도, 또 선생님에게도. 아니, 이날이 온다고 상을 찌푸리거나 구름 낀 날 같은 얼굴은 하지 마시오. 우리 모두 아는 처지가 아니오? 친구끼리 무슨 격식이 필요하겠소? 우리 모두 그와 같은 성질을 가지고 있지 않소? 알고 있겠지만, 왜 그 어릿광대가 입는 얼룩덜룩한 옷 같은 그런 천박한 소질 말이오. 오늘과 같은 그런 널리 퍼진 축제의 날에 혼자 뚝 떨어져 모른 체하는 인간에게는 저주가 있으라.

나는 절대 그 따위 천박한 인간은 아니오. 내가 그 멍텅구리 조합에 가입하고 있지만, 누가 알까 봐 겁낼 것은 하나도 없소. 미리 귀띔해두겠지만, 오늘 숲속에서 나를 만나는 사람은 내가 현자인 체하는 꼴을 보지 못할 것이오. "Stultus sum(나는 바보다)." 이 말 뜻을 내게 해석해주고, 감당할 자신이 있다면 자신에게도 적용시켜 보시오. 아무리 줄여 잡아도 온 세상 사람들이 다 우리 편인 것을.

자아, 저 거품이 이는 구즈베리 술을 한 잔 넘치게 따르시오. 오늘만은 우리도 그 현자(賢者) 같고, 울적하고 정치적인 색채를 띤 포도주일랑 마시지 맙시다. 그런 다음 아미앵[1]의 노래를 윤창(輪唱)합시다그려 — duc ad me — duc ad me[2] — 그 뒤가 어떻게 나오더라?

여기 그는 보게 되리니
저와 같은 천한 바보들을.

자, 이 세상에서 누가 제일가는 바보였는지 역사책을 들춰보고 정확하게 조금 귀띔이나마 해드리고 싶소. 나는 그에게 술을 가득 따라 축배라도 들고 싶소. 정말 지금 사람들 중에서 고른다면 그 진짜 바보는 당신네 독자(讀者)라고 선뜻 지적하고 싶은 생각이 드오.
당신 그 모자 좀 치워주시오. 그 모자가 내 이 광대 지팡이를 가리고 있으니까. 자아, 각자 제가 가지고 있는 괴짜 취미를 발휘해서, 저 좋을 대로 가락에 맞춰 종을 흔들어보시오. 나는 나대로 한 번 뽑아볼 테니까.

저 낡아빠진 교회 시계,
때도 모르고 미쳐서 울리는 시계 소리.[3]

훌륭하신 엠페도클레스[4] 선생, 어서 오시오. 에트나 산 분화구로 불도마뱀을 잡으시러 갔던 때가 벌써 오래전이구려. 정말이지 해변 바위 틈에서 회향풀을 뜯기보다 사뭇 못한 것을. 선생 수염을 그슬리지 않은 것만 해도 천만다행인 줄 아시구려.

허어, 클레옴브로투스[5]여! 지중해 밑바닥에서 대체 무슨 풀을 찾아냈나? 그대야말로 사욕(私慾)이 없는 열사병 환자 집단의 창시자라고 할밖에…….

고대의 프리메이슨이자, 바벨탑을 쌓던 시대의 미장이 두목이었던 기베르[6] 씨여! 당신은 까마득한 옛날의 큰 선생이지요. 어서 흙손을 가지고 나오시오! 당신은 말더듬이들[7]의 수호자로서 내 오른팔 옆에 앉을 자격이 충분하오. 내가 헤로도토스[8]를 기억하고 있는 한은 당신은 해발 50억 척(尺)이나, 그쯤 하늘에서 쌓는 것을 그만둔 게지. 하느님 맙소사, 꼭대기에서 일하는 일꾼들을 시나[9]의 낮은 바닥에 내려와 점심을 먹으라고 부르려면 얼마나 긴 종끈을 잡아당겨야 했을꼬……. 아니면 마늘과 양파를 로켓으로 쏘아 올렸단 말인가? 만약 내가 당신이 쌓은 그 높은 탑에다가 피시 스트리트 동산의 기념탑[10]을 갖다 대고도 창피한 줄 모른다면 철면피라고 할 수밖에 없겠지. 그런데도 우리는 그까짓 기념탑을 내세우려 든단 말이야.

뭐, 그 호걸풍의 알렉산드로스 대왕이 눈물을 찔끔거린다고? 울어라, 갓난애야, 손가락을 눈에 대고 울어라. 울면 아주 예쁜 밀감 같은 동그란 지구[11] 하나 더 줄 테니!

애덤스 목사님—정말 멋진 외투요—이렇게 빌거니와 목사님이 슬립슬롭 부인에게 한 설교를 들려주시오. 목사님 여행 가방 속에 있는 설교책 스물두 번째의 것, 여성의 부정(不貞)에 대한 대목, 바로 그것 말이오. 그야 뜬금없고 무례하다 할지 몰라도 오늘 같은 날 정말 구미가 당기는 주제 아니오.

훌륭하신 유이[12] 선생, 선생은 지혜로워 보입니다그려. 오늘 같은 날 그래서야 되겠소.

둔스[13] 씨, 당신은 그 정의(定義)를 집어치우는 것이 좋을 거요. 그렇지 않을 때는 벌주를 한 잔 들이켜든지, 나도 궤변으로 맞서겠소. 오늘은 삼단논법으로 지껄여댄다든지 행동하는 것은 그만두는 게 좋겠소. 급사는 그 따위 이론적 격식은 걷어치우라. 신사 체면에 격식을 잘못 차리다가 이해력이라는 나약한 정강이를 부러뜨리면 말씀이 아니니까.

스티븐[14] 선생, 늦으셨구려. 아, 코크[15] 씨, 당신도 지금 오시는군. 친애하는 나의 아그치이크[16] 기사(騎士), 당신을 존경하오. 쉘로우[17] 선생, 무슨 명령이고 척척 알아 모십지요. 사일런스[18] 선생, 선생한텐 말을 안 거는 것이 상책이겠지. 슬렌더[19] 씨, 역시 어디라도 한 군데 끼워 넣어드려야겠군. 당신네 여섯 분이야말로 오늘 모임의 보잘것없는 익살판을 독점해버리겠구려. 그 언제 적부터 러드게이트에서 문고를 경영하는 내 옛날 좋은 친구, 그대도 여기 오셨구려. 그대 웃옷에 축복 있으라. 비록 그대 이야기처럼 실밥이 나오도록 해져 뭐 새로울 것도 없을지언정. 무엇이 좋아 이렇게 펄쩍펄쩍 뛰어다니시는지? 그대의 단골손님들이래야 죽지 않았으면 병석에 누워 있고 하여 독서를 걷어치운 지 그 옛날이 아니오? 그래도 그대는 혹시 한두 권이라도 팔릴까 싶어 아직도 떠돌이 책장사를 하는구려. 그 착하던 그랜빌 S.[20] 씨, 그대의 마지막 후원자도 사라지고 말았는데.

판디온 왕, 그도 죽었도다.

그대 모든 친구들 연관(鉛棺)에 누워 있네.[21]

그거야 그렇다치고, 고상한 R씨, 들어와서, 아마도[22]와 키사다[23] 사이에 자리를 잡으시오. 진정한 예절, 근엄한 풍채, 혼자서는 환상적인 미소를 띠고 있는가 하면, 다른 사람들한테는 정중한 웃음을 짓고, 잘 치장한 언어의 장식, 그리고 멋진 문구를 끌어내는 데 있어, 그대는 저 교양이 풍부한 스페인 신사들에 비해 조금도 뒤질 것이 없소이다. 내가 기사도 정신을 잊지 않고 있는 한 당신이 옛적 그 두 노처녀 사이에 앉아, "어느 쪽을 골라잡아도 행복하다"고 토로한 매키스[24]의 노래를 부르던 것을, 그리고 저 말볼리아[25] 같은 웃음을 띠고 한번은 이 처녀에게, 또 한번은 저 처녀에게 얼굴을 돌리는, 그런 흉내도 못 낼 격식에 맞는 사랑을 하던 것을 잊지 못할 것이오. 마치, 게이[26]가 아니라 세르반테스가 그 이야기를 쓰기라도 한 것 같았지 뭐요. 그야 예절의 화신인 당신이 매력을 지닌 점에서도 같고 칭찬할 거리도 똑같은 두 처녀 중 하나를 선택하려면 수많은 세월이 흘러야 했겠지만 말이오.

이런 붕 뜬 기분에서 내려와, 우리 이 바보들의 잔치를 지나치게 길게 끌지 않기 위해서—4월 2일이 몇 시간 안 있으면 닥쳐올 것 같으니 말이오—진정으로 나는 독자 여러분께 한 가지 사실을 털어놓아야 하겠소. 나는 바보를 좋아하오. 마치 내가 바보의 가까운 일가나 되는 것처럼 저절로 그런 것이오.

내가 어릴 적에, 사물을 수박 겉핥기 식으로밖에 이해하지 못하던 시절, 성경의 비유 이야기 같은 것들을 읽을라치면, 거기 숨겨져 있는 지혜 같은 것은 짐작도 못하고 거기 그려진 조심성이 많은 이웃보다는 모래 위에 집을 세우는 어리석은 사람에게 더 동경심을 품었던 것이오. 또 자기 화폐를 땅에 파묻어 놓았던 움직이지 않는 사람에게 내려진 심한 질책에 대해 불만을 품었던 것이오. 그리고 그들의 경쟁자들 중에는 더욱 신중하고, 내가 아는 바보는 어느 정도 여성답지 못한 경계심이 있었으나, 이런 사람들보다는 그들의 단순성을 높이 사고—나는 그 분별없는 다섯 처녀에 대해서 애정이라고 느낄 정도의 친근감을 갖게 되었던 것이오. 나는 그 후부터 성격에 우스꽝스러운 점이 한 군데도 없는 사람하고는 누구와도 꾸준하게 교제를 해본 일이 없고, 친하게 지낸 일이 없다오.

나는 이해력이 정직하게 기우뚱한 것을 존경하오. 당신의 어떤 친구가 저지르는 실수가 우스꽝스러울수록 그것은 그 친구가 배신을 한다든가 기만을 할 사람이 아니라는 것을 증명하는 폭이 되는 것이오.

나는 뚜렷한 환각이 보증하는 안전을 사랑하고, 잠꼬대같이 튀어나온 한 마디가 표시하는 안전 무사를 좋아하오.

독자 여러분, 내 이 말을 잊지 마시고, 어떤 바보가 이렇게 지껄이더라고 말해주시오. 사람의 이것저것 섞인 성격 속에 바보 같은 기미가 없는 인간은 그 타고난 기질 속에 훨씬 못된 것을 적잖이 숨기고 있다는 것을……. "조류고 물고기고 간에—멧도요고—물떼새고—대구고, 그 밖에 이런저런 것이고, 멍청한 것일수록 맛이 더 좋다"는 것은 이미 알려진 바요. 보통 세상에서 바보로 통하는 사람들은 세상이 그 사람들을 감당할 수 없다는 것이 되겠지요.[27] 또 우리 인류 가운데 가장 친절한 모범이라고 할 만한 것은 여신의 총애를 받는다는 그 많은 멍텅구리 귀염둥이 애녀석들을 빼놓고 누가 있겠습니까? 독자 여러분, 당신들이 여기 적힌 의미 이상으로 내 말을 곡해한다면 '4월 바보'는 당신네지 결코 내가 될 수는 없을 것이오.

제야(除夜)

사람마다 생일이 두 번 있다. 세월이 흐른다는 것은 사람의 수명과 연관되어 있기 때문에 적어도 해마다 이틀은 찾아오는 생일은 지나가는 시간을 곰곰이 생각하게 만든다. 그 하나는 특별히 '자기의 것'이라고 하는 생일을 말한다. 예로부터 차려오던 생일잔치는 차차 폐지되어서 생일을 엄숙하게 떠받들던 이런 풍습은 거의 사라져버렸거나, 아니면 생일날 행사 같은 것에 대해서는 전혀 관심이 없고, 다만 과자나 감귤 같은 것을 먹을 수 있다고 생각하는 아이들의 몫으로나 남아 있다. 그러나 '새해'라는 생일에는 너무나 관심이 대단해서 왕에서 신기료장수에 이르기까지 그대로 지나쳐버릴 수 없다. 정월 초하루를 아무 생각 없이 지내는 사람은 아무도 없다. 이날은 모든 이들이 자기들이 살아온 시간을 따져보며, 앞으로 남은 시간을 계산해보는 날이기도 하다. 이날이야말로 우리 인류 공통의 생일이다.

이 세상 모든 종소리 중에—종소리야말로 하늘나라에 제일 가까운 음악이지만—가장 엄숙하고 감동적인 종소리는 묵은해를 울려 보내는 종소리다. 나는 그 종소리를 들을 적마다 지난 열두 달

동안에 뿔뿔이 흩어져 있던 모든 영상들, 즉 지난날에 내가 했던 일들, 괴로워했던 일들, 이루어 놓은 일들, 내던져 놓았던 일들을 후회어린 시간 속에 한데 그러모으지 않을 수 없다. 사람이 죽고 난 후에야 그 사람의 가치를 알아차리듯, 나는 이제야 한 해의 가치를 알기 시작한다. 해가 간다는 것은 사람이 살아가는 것이나 마찬가지여서, 당시의 어느 시인이

    나는 가는 해의 치맛자락을 보았네[1]

라고 읊은 것이 단지 그의 환상만은 아니었다.
    그것은 저 숙연한 이별을 앞에 두고 우리 누구나가 느끼게 되는, 엄숙한 비애에 잠기는 감정이다. 나는 분명 그것을 어젯밤에 느꼈고, 모든 사람들도 지난밤에는 나와 같은 심정이었을 것이다. 내 친구들 가운데 몇몇은 영영 사라져버린 지난해를 아쉬워하기보다는 찾아오는 새해의 탄생을 유쾌하게 맞이하는 것 같은 태도를 보이긴 했다. 그러나 나는

    찾아오는 이를 반겨 맞고, 떠나는 손을 재촉해 보낸다[2]

는 그런 사람들하고는 맞지가 않는다.
    나는 애초부터, 새 책, 새 얼굴, 새해 할 것 없이, 새롭다는 것을 대하면 겁부터 난다. 마음이 비꼬여서 그런지 장래를 바라다보는 것이 나에게는 어렵기만 하다. 나는 무엇을 바라는 일이 거의 없고,

다만 다른 쪽(지난해)만 되새겨 보고 기분 좋아한다. 나는 지난날의 환영과 귀결(歸結) 속으로 뛰어든다. 그러면 지난날의 실망했던 일들과 세차게 맞닥뜨린다.

그래도 나는 그 전날의 낙담했던 일들에 대해 갑옷이나 두른 듯 끄떡없다. 나는 옛 원수를 용서하고, 마음속으로는 이겼다고 생각한다. 노름꾼들의 말을 빌리자면, 내가 한때 그토록 값비싼 대가를 치렀던 사랑의 도박을 그저 재미로 한번 해보는 것이다. 내 생전 불행했던 사건들이나 일들 중에 어느 하나라도 이제 와서 고쳐지기를 원하지 않는다. 어느 잘 꾸며진 소설 속의 사건들처럼 그런 것들을 고치고 싶은 마음은 없다. 생각해보면, 그토록 열정을 다해 바친 사랑의 모험을 잃어버리기보다는 앨리스 W———n^{3}의 아름다운 머릿결과 더욱 예쁜 두 눈에 푹 빠져 내 인생 7년간의 황금기를 비탄 어린 연모로 보낸 편이 더 좋았다. 우리 가족은 저 도렐[4] 늙은이한테 속아서 유산을 빼앗겼지만, 그편이 은행에 2천 파운드를 저금해 놓고, 그 넉살 좋은 늙은 악당이 어떤 인간이라는 것을 모르고 있는 것보다 더 낫다.

남자답지 못하게 젊은 날의 회상에 빠져버리는 것이 나의 약점이다. 40년이라는 세월을 뛰어넘어온 지금, 한 남자가 자기애라는 빈축을 사지 않고 자기 자신을 애정으로 돌이켜본다고 하면 그저 억지소리일까?

내가 나 자신에 대해 뭔가 아는 것이 있다면, 내성적인 사람은 누구를 막론하고—나도 불행히도 내성적이지만—내가 엘리아라는 사람에게 느끼고 있는 존경심 못지않게 자신의 현재의 신분을 존경하고 있을 것이다. 내가 알고 있는 그는 경박하고, 허영덩어리고, 변덕스럽고, 평판이 나쁜 ×××이고, ×××에 빠져 있고, 충고 같은 것과는 원수를 져서, 그것을 듣지도 않고 주지도 않는다. 게다가 ×××이고, 말더듬이 어릿광대이고, 그 밖에 뭐라고 한대도 할 말이 없다. 그러니 회초리를 드시려거든 사정을 두지 마시라. 나는 당신이 꼬집어내는 것에 이의를 달 생각은 없다. 나에 대해 아무리 나무란다 해도 그 이상으로 동의할 작정이다.

그러나 어릴 적 엘리아에 대해서는—바로 그 뒤편에 자리하고 있는 '또 하나의 나'에 대해서는—저 어릴 적의 나 자신에 대한 추억을 소중하게 간직하는 데 대해서는 허락을 해줘야 하겠다. 제발 나의 부모님한테서 태어나지 못하고, 어떤 다른 집 아이로 자라나 온 것 같은 마흔 하고도 다섯 살이나 더 먹은 이 멍청한 저능아에게는 별 관심을 쏟지 않았으면 한다. 다섯 살 때 끈질기게 앓던 천연두와 그보다 더 지독하던 약물을 생각하면 지금도 울 것 같다. 펄펄 끓는 머리를 크라이스츠 하스피틀[5]의 병상 베개에 처박고 잠들었다가 자애로운 어머니 같은 부드러운 모습이 나를 내려다보고 있는 것으로 알고 깜짝 놀라 살펴보니 낯모르는 사람이었던 일도 있다.

그 시절 나는 티끌만 한 거짓이 있더라도 무서워 기를 펴지 못했다. 가엾어라, 엘리아야, 너는 많이도 변했구나! 너는 교활해졌구나, 그때 너는 얼마나 정직했고, 용기가 있었으며(약골인 데 비하면) 또 얼마나 신앙심이 깊었으며, 상상력이 풍부했으며, 희망에 넘쳐 있었던가! 내가 기억하고 있는 아이가, 내 비틀거리는 걸음에 법칙을 가르쳐주고, 또 내 도덕적 생활을 조율하고자 가짜 신분으로 나타난 위장한 수호천사가 아니라 진정 나 자신이었다면 나는 이 얼마나 타락했는가!

남의 동정을 잃을 만큼 그러한 회고에 푹 빠져버리기를 좋아하는 것은 어떤 병적인 특성의 징후일는지 모른다. 아니면 무슨 다른 원인 때문인가? 단지 아내도 없고 식구도 없기 때문에 나 자신을 떠나서는 나를 생각할 수 없기 때문인가? 또는 같이 장난할 내 자식이 없으므로 생각을 추억으로 돌이켜서, 어린 시절의 생각을 나의 후계나 총아로 끌어들인 까닭일까? 이러한 생각들이 독자 여러분에게 (필경 바쁜 분들이겠지만) 터무니없는 소리로 들린다면, 또 이런 생각이 당신의 공감을 얻지 못하고, 나라는 인간은 단지 기상천외한 생각에만 몰두하고 있다고 한다면, 당신의 조소가 뚫을 수 없는 엘리아라는 환상의 구름 속으로 숨어버려야 하겠다.

나를 키워준 어른들은 예부터 관습으로 내려오는 신성한 의식은 어느 하나도 빠뜨려선 안 된다는 식의 생각을 가지고 있었다. 그래서 묵은해를 종을 울려 보낸다는 것은 특별한 의식의 분위기를 마련하여 이루어졌다. 그 당시 한밤중의 종소리는 아마 내 주위에 있는 모든 사람 마음속에다 희열을 불어넣었겠지만, 내 머릿속에는 슬픈 영상이 줄지어 떠올랐다. 그러나 그때는 미처 그 종소리가 뜻하는 것을 그다지 깨닫지도 못했고, 나와 관계가 있다는 생각도 들지 않았다.

사람이 자신의 죽어야 할 운명을 실감하려면 적어도 나이가 서른은 되어야 한다. 그 운명을 알고 있다는 것과는 다르다. 필요하다면 인생무상에 관한 설교도 할 수 있을 것이다. 그러나 6월의 더위 속에서 12월의 추위를 상상하기 쉽지 않은 것처럼, 죽음을 절박하게 느끼지는 못한다. 그러나 지금 내 진심을 고백하자면, 나는 이러한 계산을 너무나 뼈아프게 느끼고 있다. 나는 남은 생존 기간을 어림잡아 꼽아보면 수전노가 동전을 한푼 한푼 아끼듯이, 촌음(寸陰)의 시간이라도 가는 것이 아깝다. 남은 세월이 점점 적어지고 짧아짐에 비례해서, 그 세월의 기간 하나하나가 더욱 귀중해져서, 세월이라는 그 거대한 수레바퀴 살에다가 내 하잘것없는 손가락을 감히 찔러 넣기라도 해서 중지시키고 싶다.

나는 '직조공(織造工)의 북처럼' 지나가버리는 데 만족할 수가 없다. 그러한 비유는 내 마음을 달래주지도 못하고, 죽음이라는 쓰디쓴 한 모금 약을 달게 하지도 못한다. 나는 사람의 목숨이 슬그머니 영원 속으로 실어가는 물결에 밀려 떠내려가는 것을 원치 않는다. 그리고 운명이라는 피할 수 없는 행로에서 주춤거리고 싶지도 않다. 나는 이 푸른 대지를 사랑한다. 도시와 시골 풍경, 뭐라 표현할 수 없는 시골의 고독, 그리고 거리의 달콤한 안정감을 사랑한다. 나는 이 대지 위에 나의 영원한 집을 짓고 싶다. 나는 지금의 이 나이에 머물러 있으면 흡족하겠다. 나와 그리고 내 친구들도 지금보다 더 젊어지거나, 더 부자가 되거나, 더 잘생겨지지도 않고 이대로라면 좋겠다. 늙었다고 해서 이 세상 모든 것과 멀어지고 싶지도 않다. 또는 세상 사람들이 이야기하듯이 무르익은 과일처럼 무덤으로 들어가고 싶지도 않다. 음식이든 주거든 내가 살고 있는 이 지상에서 무언가 바뀌는 것은 모두 나를 어리둥절하게 하고 불안에 싸이게 한다. 나의 터줏대감은 무섭게 깊이 뿌리를 뻗어 피를 흘리지 않고는 뽑아버릴 수가 없다. 그 터줏대감들은 라비니아[6] 강가로 가고 싶은 생각이 없다. 새로운 존재 상태는 나를 비틀거리게 한다.

해와 하늘, 그리고 산들바람, 혼자만의 산책, 여름 휴일, 들판의 푸름, 고기와 생선의 맛있는 국물, 그리고 사람들과의 사교, 기분 좋게 드는 술잔, 타오르는 촛불, 길을 거닐며 나누는 잡담, 순진한 허영심, 농담, 그리고 빈정대는 것, 이런 것들도 생명과 함께 사라져버리는 걸까?

우리가 저 세상에 가서 유령과 더불어 농을 걸며 놀 때, 유령도 비쩍 마른 옆구리를 흔들며 죽겠다고 웃어댈까?

그리고 그대, 내 한밤중의 사랑하는 이, 이절판 책들이여, 나의 가슴에(한아름 잔뜩) 그대를 안아보는 그 가슴 벅찬 즐거움도 이별해야 하는가? 내가 지식을 얻게 된다는 것이 사실이라면 직관이라는 어색한 경험을 통해서 얻어야지, 이 친근한 독서의 과정을 통해서는 얻어질 수 없는 걸까?

이 세상에서 나를 친구로 맺어준 저 웃는 표정 — 그 눈에 설지 않은 얼굴 — 저 '친근감이 가득 찬 얼굴' 없이도 저승에서 우정을 누릴 수 있을까?

겨울에는 이런 죽음에 대한 견딜 수 없는 혐오감이 유난히 내 속에 파고들어와 괴롭히곤 한다. 쾌적한 8월 한낮에, 땀 흘리는 하늘 밑에서는 죽음이 거의 불확실하게 느껴지는 법이다. 그런 시절에는 뱀처럼 햇볕에 그을리기를 좋아하는 나 같은 사람들은 불멸의 생명을 향락한다. 그때 우리는 몸을 쭉 펴고 부풀어 오른다. 또 우리는 다시 튼튼해지고, 용감해지며, 다시 지혜로워지고, 키도 많이 커지는 것 같다. 살을 에는 듯이 차갑고 몸을 움츠리게 만드는 돌풍은 죽음을 생각하게 만든다. 실물이 없는 공허와 연결되어 있는 모든 것은 죽음이라고 하는 주인의 시중을 들어야 한다. 추위, 마비, 꿈, 당혹, 저 태양의 차디찬 혼령이자 솔로몬의 '아가(雅歌)'에서 힐책을 당한 저 젖통이 없는 여인 같은 포이보스의 창백한 누이[7]와도 같은, 그림자 같고 유령 같은 형상을 띤 달빛. 나는 결코 달의 총아가 아니다. 나는 페르시아 사람과 함께 태양을 숭배하겠다.

  무엇이고 나를 방해하고, 내가 가는 길을 빗나가게 해놓는 것은 내 마음에 죽음을 불러일으킨다. 모든 부분적인 사악함이 체액처럼 흘러 퍼져서 치명적인 염증의 종기 속으로 흘러들어간다. 나는 몇몇 사람들이 자기네는 삶에 대해 무관심하다고 털어놓는 소리를 들은 일이 있다. 그런 사람들은 삶의 종말을 피난의 항구처럼 쾌재를 부르며 맞는다. 그리고 무덤을 마치 그들이 베고 잘 부드러운 팔처럼 이야기한다. 어떤 이들은 마치 물건을 사들이듯 죽음을 불러들인다. 그러나 이르노니, 너 더럽고 추악한 허깨비놈아, 썩 꺼져버려라! 나는 네놈을 싫어하고, 미워하고, 저주하며, (수도사 존[8]의 말을 빌려) 네놈을 12만의 악마에게 넘겨주고, 어떠한 일이 있더라도 용서하거나 관대히 다루지 않고, 세상에 제일 못된 독사처럼 네놈을 피하겠다. 또 네놈을 낙인찍고 내쫓아서 저주를 받게 하겠다. 너, 가냘프고 음울한 '존재도 없는 놈'아, 아니 그보다도 사람을 공포에 사로잡고 어쩔 줄 모르게 만드는 '실존하는 놈'아, 나는 네놈을 씹어 먹을 수도 없구나!

  너에 대한 공포를 없애도록 처방된 저 해독제도 너같이 차갑고 모욕적이구나. 생전에 임금이나 황제와 잠자리를 같이했으면 하고 크게 탐내보지도 않던 사람이, '죽어서 임금과 황제하고 같이 눕게 된'들 무슨 소용이 있겠는가? 또는 정말이지 '그 세상에서 제일 아리따운 모습을 본다' 한들 무슨 소용이 있겠는가? 도대체 나를 달래주려고 앨리스 W———n마저 귀신이 되어야만 한단 말인가?

무엇보다도 구역질 나는 것은, 보통 볼 수 있는 묘석에 새겨 있는 저 뻔뻔스럽고 당치도 않은 치근치근한 소리이다. 죽은 자는 누구나 할 것 없이 "내가 지금 이러하듯, 너도 머지않아 반드시 이렇게 되리라"고 밉살맞은 판에 박힌 소리로 설교를 하려 든다. 그러나 저 세상 친구여, 아마 자네가 생각하는 것처럼 그렇게 금방은 되지 않을 걸세. 당분간은 살아서 이렇게 돌아다닐 걸세. 그대들 20명 값어치는 될 걸세. 그대들보다 우월한 생존자가 있다는 것을 알아두게! 그대들의 새해는 지나가버리고 말았다네. 나는 1821년의 유쾌한 후보자로 살아남아 있네. 자, 한 잔 더 들고 지금 막 떠나버린 1820년이 서러워 구슬프게 장송곡을 울린 그 종이 변절자와도 같이 가락을 고쳐 후계자 1821년을 신나게 맞아들이고 있는 동안, 우리, 저 기운차고 명랑한 코튼[9] 씨가 이와 같은 때에 맞게 지은 노래를 그 종소리에 맞춰 읊어보세나.

새해

들어라, 닭은 울고, 저기 반짝이는 별은
밝은 날이 멀지 않음을 알리누나.

보라, 밤의 장막을 찢고
빛은 서산을 금빛으로 물들인다.
늙은 야누스도 함께 나와
다가오는 새해를 엿보고.
저편 전망이 좋지 못하다고
말하는 듯한 표정을 짓네.
그래서 우리 일어나 홍조를 보고
우리에게 다가선 불길을 예측하네.
앞일을 미리 겁을 먹고 떠는 것은
발등에 떨어진 재앙보다도
더욱 고통스런 재앙을 가져오고,
영혼을 괴롭히는 쓴 잔이 가득하네.
그러나 기다려라! 기다려라! 내 시력이여
더욱 밝은 빛으로 자세히 보면
지금도 찌푸린 것 같던
그 이마에서 고요함을 보리라.
지난해를 돌아다보는 얼굴에 혐오를 드러내고,
지난날의 불행에 눈살을 찌푸리네.
그러나 이리로 돌린 얼굴은 밝고,
새로 태어난 해를 보고 웃네.
드높은 곳에 올라 내려다보면
그 해는 눈앞에 깔려 있고,
모든 한순간 한순간은

그 빈틈없는 발견자의 시야에 펼쳐지네.
그러나 그는 세월의 행복한 회전을 보고
점점 더 웃음을 띠네.
그런데 어찌하여 우리는 의심하고 무서워 떠나?
초하룻날 아침이 우리를 보고 웃고,
태어나자 곧 우리에게 축복을 내리는
새해의 베푸는 힘을.
저주할 일이여! 지난해는 불행했으나,
올해는 정녕코 행운이 올지라.
혹은 최악의 궁지에 몰린다 해도
지난해처럼 불운을 쓸어버릴 수 있으리니,
그러면 그 다음에 오는 해는
의당 최고의 해가 되리라.
최악의 불행일망정(우리가 날마다 보는)
우리에게 찾아드는 최상의 행운같이
영속하는 것이 아니거늘.
행운을 갖다 주는 힘은
불행을 쏟아 붓는 힘보다
더 오랫동안 버티는 법이니.
3년마다 행운의 해를 맞으며
그래도 운명을 탄식하는 자,
신의 은혜를 모르는 짓,
그리고 자기가 받은 축복도 누릴 자격이 없는 것이리라.

그러면 최고의 술을 한잔 가득 넘치게 따라
새 손님을 맞이하세.
환락은 언제고 행운의 신을 맞이하여,
재난까지도 유쾌하게 돌려놓네.
비록 행운의 공주가 등을 돌려도,
우리 술잔을 계속 드세.
다음해에 공주가 얼굴을 돌릴 때까지
우리는 한층 더 참아나가리라.

독자 여러분은 어떻게 생각하시는지? 이러한 시구가 옛 영국 핏줄의 너그러운 마음을 그대로 맛보여주지 않는가? 강심제처럼 힘을 북돋아주지 않는가? 조합을 하면 마음을 넓게 해주고, 신선한 피와 너그러운 정신을 만들어주지 않는가? 지금 막 입 밖에 내서 그럴싸하게 들리던 죽음에 대한 어린애 같던 공포가 어디로 가버렸을까? 구름장처럼 지나가버리고 맑은 시가 정화시키는 햇빛 속에 흡수되어 이러한 우울증을 고쳐주는 단 하나의 광천인 진짜 헬리콘의 물결에 깨끗이 씻겨버리고 말았다. 그러면 자, 진한 술을 다시 한잔 드세! 그리고 새해를 축하하세나. 여러분 모두, 두루두루 복 많이 받으시길 빈다!

마녀와 그 밖의 밤의 공포들

　우리 조상들이 믿었던 마법이 엄청난 모순을 담고 있다고 하여 (우리에게는 그렇게 여겨지기 때문에) 조상들을 무더기로 바보 취급하는 것은 너무 성급한 일이다. 이 눈으로 볼 수 있는 현상 세계에 관계되는 범위 내에서는 우리 조상들이 합리적이고, 우리 자신들 같이 시대착오 같은 것을 간파해낼 만큼 기민했다고 생각한다. 그러나 일단 눈에 보이지 않는 세계가 열리고, 악령의 무법한 행패가 작용한다고 가정하면, 있음직하다든지, 꼴사납지 않다든지, 적합하다든지, 조화를 이루었다든지 하는, 뚜렷한 불합리와 있음직한 일을 구별하는 데 쓰이는 기준들이 또 그런 일에 관한 한 조상들을 도와 어떤 특별한 증거를 물리친다든지 아니면 받아들이게 해주기란 힘들었을 것이다.

　처녀들이 밀랍으로 만든 자기네 조상(彫像)들이 불 앞에서 녹아 내리는 것을 보고 속으로 애가 타 얼굴이 창백해진다든가, 옥수수가 쓰러지고, 가축이 다리를 전다든가, 회오리바람이 악마처럼 날뛰어서 숲속의 떡갈나무들을 뿌리째 뽑아놓는다든가, 혹은 바람도 일지 않았는데 시골집 부엌에서 쇠꼬챙이와 솥이 소름 끼치긴 하지만 별 해는 없는 기괴한 춤을 춘다든가 하는 일들은 모두 그 작용의 법칙은 알 수 없어도 있음직한 현상으로 생각되었다.

암흑의 권세의 왕자가 이 세상의 영화와 권세를 누리는 무리들은 살짝 비켜놓고, 가련한 늙은이들의 무력한 공상 쪽에다 터무니없는 공격을 편다는 것이 생각해보면 있음직한 것도 아니고 불가능한 것도 아니나, 우리는 그 악마의 책략을 알 길이 없다. 그리고 늙은 할멈들의 영혼이라는 것이 악마 시장에서 얼마만큼의 값이 나가는가 하는 기준도 어림할 수가 없다. 또 사악한 인간들이 분명 염소로 상징되고, 때때로 그 염소의 몸뚱이를 하고 나타나서 그 비유를 증명하는 것도 그다지 놀라울 일이 못 된다고 본다. 암흑과 광명의 두 세계 사이에서 교류가 이루어진 것 자체가 어쩌면 실수였을지도 모른다. 그러나 일단 그 교류가 있다고 가정하면, 이런 유의 이야기들을 놓고 이 이야기가 저 이야기보다 더 말이 안 된다고 따지고 드는 것은 의미가 없다. 무법을 판가름하는 법도 없거니와 꿈을 비판하는 법규도 없다.

나는 마법이 인정되는 시대에는 살지 못했을 것이다. 마술을 부리기로 이름난 노파가 사는 그런 마을에서는 잠조차 잘 수 없었을 거라고 때때로 생각한 일이 있다. 우리 조상님들은 우리보다 대담했든지 아니면 둔했을 것이다. 이런 요물들이 온갖 악의 제조자와 동맹을 맺고, 저희들의 주문에 따라 지옥을 지배한다고 온 세상이 믿는 상황이라면 아무리 단순한 평화를 사랑하는 재판관일지라도 구속영장을 발부하는 데 주저하지 않을 것이고, 아무리 멍청한 경관이라도 그 영장을 집행하는 데 꾸물거리지 않을 것이다. 마치 마왕인 사탄을 잡아들이기라도 하는 것처럼 말이다.

프로스페로[1]는 배 안에서 기도서와 마술 지팡이를 자기 옆에 끼고 있으면서도 적이 하라는 대로 미지의 먼 섬으로 끌려갔다. 그는 항해 중에 한두 차례 풍랑을 일으킬 수도 있었을 것이다. 그런데 그가 묵묵히 따라간 것은 마녀들이 관헌의 권력에 저항하지 않았다는 것과 매우 흡사한 데가 있다.

스펜서의 시에 나오는 악마는 왜 기욘[2]을 갈기갈기 찢어 죽이지 않았는가? 또 악마가 기욘을 제 제물로 삼으려면 기욘이 황금보화 덩어리의 유혹을 받아야 한다는 조건을 누가 만들어냈는지 우리는 알 수가 없다. 우리는 저 악마 나라의 법을 알지 못한다.

나는 어릴 적부터 마녀와 마녀에 대한 이야기를 굉장히 듣고 싶어 했다. 우리 집 하녀하고 그런 전설을 많이 알고 있는 숙모가 그런 것을 많이 들려주었다. 그러나 애초에 내 호기심을 이쪽으로 불러일으켰던 사건 한 가지를 이야기하겠다. 우리 아버지의 서가에는 스택하우스[3]가 쓴 성경의 역사라는 책이 유난히 눈에 띄는 자리에 꽂혀 있었다. 그 책 속에는 많은 그림이 들어 있었는데, 특히 방주의 그림과 또 하나 솔로몬 왕의 궁전 그림은 마치 화가가 그 현장을 직접 보고 그린 것처럼 정확한 눈썰미로 그려졌기 때문에 내 어린 마음을 잡아끌었다. 또 하나의 그림이 있었는데, 그것은 보지 않았더라면 좋았으련만, 마녀가 예언자 사무엘을 들어올리는 그림이었다. 그 이야기는 다음으로 미루기로 하자.

스택하우스는 두 권의 큰 책으로 되어 있었는데, 그 책이 꽂혀 있는 제일 꼭대기 책장으로부터 있는 힘을 다해 그 큰 책을 끌어내리는 것은 즐거운 일이었다. 나는 그 후 지금까지 그 책을 다시 대할 길이 없지만, 그 책은 구약성서 이야기로 이루어졌고, 순서에 맞게 짜여져 있고, 하나하나 이야기마다 반론이 있고, 또 그 반론에 대한 해설이 일정하게 붙어 있었다는 것을 기억한다. 그 반론이란 고대 혹은 현대 불신론자들의 날카로운 관찰을 통해 역사의 믿을 만한 것을 배격하고 나온 모든 이의를 총괄한 것으로, 거의 아첨이라고 할 만큼 도가 넘는 정직성으로 씌어 있었다.

그 해설은 간략하고 온당하며, 만족할 만했다. 독과 해독제가 똑같이 앞에 놓여, 의심을 일으키게 하고는, 또 그것을 가라앉히는 식으로 영원히 결말을 지어놓는 것 같았다. 사악한 용은 갓난아기가 밟고 지나가도 좋을 만큼 죽어 자빠져 있었다. 그러나 이것은 스펜서의 시에 있는 죽음을 당한 괴물 이야기보다도 오히려 더 무서운 것처럼 느껴져서, 저 뭉그러진 실책의 뱃속으로부터 기어 나오는 작은 용새끼들은, 나같이 약한 성 조지의 담력을 가지고는 정복할 수가 없었다.

나는 모든 사건마다 반론을 기대하는 습성에서 더 많은 반론을 장만해놓고, 그 반론에 대한 내 나름대로의 해결을 찾아내는 기쁨을 맛보았다. 나는 비틀거리고 당황하게 되어, 어린애 같은 회의론자가 되고 말았다. 내가 직접 읽었다든지, 교회에서 읽는 소리를 들은 바 있는 재미있는 성경 이야기들은 순수하고 진실하던 그 처음의 느낌이 사라져버리고, 모든 반대론자들에 대해 변호하지 않으면 안 될 수많은 역사적 또는 연대적(年代的) 논제로 바뀌고 말았다. 내가 그런 성경 이야기들을 믿지 않게 되었다는 것은 아니나—비숫하긴 하지만—누군가 다른 사람들이 믿지 않으려 하고 있다든가, 이미 믿지 않고 있다는 사실을 장담할 수 있다.

아이들을 불신자로 만들어놓는 첩경은 세상에 불신자들이 있다는 것을 알려주는 것이다. 세상일을 쉽게 믿어버린다는 것은 어른에게는 약점이나 아이들에겐 장점이 된다. 아, 어린아이나 젖먹이의 입에서 성경 이야기를 의심하는 소리가 나온다면 얼마나 흉측한 노릇인가! 나도 이러한 미궁 속을 헤매며, 밀기울 같은 그릇된 음식을 먹고 몸이 수척해졌다고 생각한다.

그러나 불행 중 다행이라고 해야 할지 이때쯤 나한테 한 가지 일이 일어났다. 불행히도 방주의 그림을 너무 성급히 넘기다가 그 기가 막힌 책장을 찢고 만 것이다. 그 유일무이한 수상 건축물의 선미(船尾) 쪽에 나 있는 두 개의 창으로부터 밖을 내다보는(의당 그럴 수 있는 현상으로) 두 마리 거대한 네발짐승, 코끼리와 낙타가 있는 바로 그 부분에 내 방정맞은 손가락을 찔러 넣고 말았다. 그 후에 스택하우스 책은 자물쇠가 채워지고, 손댈 수 없는 보물이 되고 말았다. 그 책과 더불어 그 '반론'과 '해결'이라는 것도 차차 내 머리에서 사라져버리고, 그 이후에는 다시 나타나 완력으로 나를 괴롭히는 일이 거의 없었다. 그러나 내가 그 스택하우스 책에서 받아들인 한 가지 인상은 자물쇠를 가지고도 잠글 수 없고, 빗장으로도 걸지 못하는 것이었으며, 나의 어린 신경을 한층 더 심각하게 긴장시키도록 운명지었다. 그것은 바로 저 진절머리가 나는 그림이었다.

나는 신경을 건드리는 공포에 무섭게 민감했다. 밤의 시간, 고독, 어둠 같은 것은 나를 괴롭히는 지옥이었다. 이런 것들로 인해서 내가 겪어야 했던 고통들을 이야기하면 내 말을 믿을 수 있을 것이다. 나는 네 살 적부터 7, 8세가 되기까지, 옛날 일에 대한 기억이 미치는 한은 베개에 머리를 대고 잠들 적마다 어떤 소름 끼치는 망령을 볼 거라고 굳게 믿었다. 그런데 예상했던 것이 실현되고 말았다.

그러나 그 책을 쓴 노(老) 스택하우스에 대한 비난을 일부는 면해주어야 하겠다. 마녀가 새뮤얼을 일으켜 세우는(아, 저 망토가 뒤덮인 늙은이의 모습!) 그림 때문에 내 어린 시절의 지옥인 한밤중의 공포가 생겨난 것은 사실이되, 그것이 찾아온 모습과 방식에 대해서는 그에게 빚을 지고 있다. 매일 밤 나의 베갯머리에 앉아 있던 할망구, 숙모나 하녀가 나를 혼자 놓아두고 자리를 뜨면 영락없이 잠벗이 되어주던 그 할망구를 대령시켜준 것은 다른 사람이 아니라 바로 그 늙은 스택하우스였다. 그 책을 읽는 것이 금지되기 전까지 나는 온종일 눈을 뜬 채로 꿈을 꾸듯 그 그림을 바라다보고, 밤이 되면 꿈속으로 깨어나서 (이렇게 대담한 표현을 쓸 수 있다면) 그 환상을 사실로 맞이했다. 대낮에도 침실에 한 발짝만 들여놓을라치면 마녀가 타고 앉았던 베개가 있는 침대 쪽으로부터 창문 있는 데로 얼굴을 돌리지 않을 수 없었다.

부모들은 나약한 아기들을 캄캄한 데 혼자 자게 해놓고는 만사태평이다. 따뜻한 팔을 더듬는 느낌과 귀에 익은 목소리를 바라는 아이들을 말이다. 그런데 아이가 자지러지는 소리를 지르고 깨어났는데 저를 쓰다듬어줄 사람이 없으면, 그 가냘픈 신경이 얼마나 무섭게 공포로 질리고 말겠는가! 촛불을 켜놓고, 소위 어린아이의 몸에 좋지 못하다는 시간인 한밤중까지 아이들을 재우지 않고 놓아둔다는 것은 의학적인 관점으로 생각해도 대단히 좋은 배려라고 확신한다.

내가 말한 저 밉살스러운 그림은—만약 그런 것들이 꿈이라면—내 꿈의 일정한 유형을 마련해주었다. 왜냐하면 그 꿈의 장면은 어김없이 내가 드러누운 방이었기 때문이다. 만일 내가 그 그림을 볼 기회가 없었다 해도 그 무서운 것들은 어떤 다른 모양을 띠고 나타났을 것이다.

목 없는 곰, 검둥이, 또는 원숭이로

그러나 말하자면, 나의 상상력이 그런 형태를 꾸며낸 것이었다. 아이들에게 이따위 공포를 갖다 주는 것은 책도 아니고, 그림도 아니고, 덜떨어진 하인의 옛날 이야기도 아니다. 그런 것은 기껏해야 아이들한테 어떤 방향을 제시할 뿐이다. 귀여운 꼬마 T. H.[4]는 모든 아이들 가운데서도 가장 주의 깊게 미신의 병폐를 배제해서 키운 아이로, 도깨비나 유령의 이야기라든지, 악인의 이야기를 듣는다든지, 또는 무슨 비참한 이야기를 읽거나 들어서는 안 되도록 되어 있었다. 그러나 그렇게 엄격하게 외부로부터는 범접 못하게 해놓는 공포 세계를 아이는 제 자신의 "빽빽하게 몰려오는 공상"[5] 속에서 보았다. 그리고 이 낙천적으로 자란 아이는 한밤중 그의 작은 베개에서 전설 이야기에도 없는 형상들을 보는데, 감옥에 갇힌 살인마에 대한 몽상에도 겁먹지 않던 아이가 이때만은 공포의 식은땀을 흘리며 벌떡 일어났다.

고르곤, 히드라, 그리고 소름 끼치는 키메라—켈라이노, 그리고 하르피이아[6]—이야기가 미신을 믿는 머리에는 다시 자리잡을지 모른다. 그러나 그런 것들은 전부터 머릿속에 있었던 것들의 복제 또는 모형이다. 그 원형은 우리 마음속에 있으며, 영원하다. 그렇지 않다면 우리가 맑은 정신을 가지고 이미 허깨비라고 인정한 것을 책에서 읽는 것만으로 어떻게 우리 마음이 조금이라도 요동할 수 있겠는가? 또는

> 그 의미를 알 수 없는 이름만 있는 것,
> 세상에 있지도 않은 것이 우리를 괴롭히다니?[7]

하는 식이다. 우리는 이러한 것들이 신체적으로 우리에게 상해를 입힐 수 있는 능력이 있다고 생각해서 자연적으로 공포를 느끼게 되는 걸까? 아, 절대 그럴 리는 없다. 이 무서운 괴물들은 한층 오래전부터 있었다. 그놈들은 육신을 가지기 전부터 존재했고 육신이 없었더라도 마찬가지였을 것이다. 단테가 그려낸 모든 잔인하고, 고문을 가하는 분명한 악마들, 사람을 갈기갈기 찢고, 토막토막 자르고, 숨통을 조이고, 질식시키고, 불태우는 악귀들이 인간의 영혼한테 주는 공포란 사람에게 붙어 다니는 형체 없는 망령에 대한 공포에 비하면 그 절반이라도 무서울 리 있겠는가?

> 외진 길을 걷는 사람처럼
> 무서워 떨며 걸어가네.

한번 사방 휘둘러보고
이제는 더 고개 돌리지 못하고 가네.
그것은 무서운 악령이
바싹 뒤따라옴을 알기 때문이네.[8]

 여기서 다루고 있는 공포의 성격은 순전히 영적 세계의 것이다. 그것은 지상에 실물이 없는 까닭에 따라서 공포도 심한 것이다. 또 그 공포는 죄를 모르는 어린 시절에 더욱 기세가 등등한 법이다. 이런 것들은 어려운 문제들이지만, 만약 우리가 이러한 문제들을 설명할 수 있다면, 천지창조 이전의 상태에 대해 실마리를 풀 수 있을 것이며, 적어도 우리가 태어나기 전부터 존재한 어스름한 나라를 엿볼 수 있을 것이다.
 이런 한밤중의 공상은 이미 오래전에 사라져 더는 나를 괴롭히지 않는다. 그래도 이따금 악몽 속에 헤매는 것은 어쩔 수가 없다. 그러나 어린 시절처럼 악마들을 자주 만나지는 않는다. 촛불을 끄기가 무섭게 악귀들의 얼굴들이 나타나 나를 노려볼지라도, 그놈들을 피하지 못하고, 맞붙어 드잡이하고 있는 동안에도, 나는 놈들을 얕잡아보고 있으며 그 사실을 의식하고 있다. 나의 상상력에 대한 신용에도 관계된 문제지만, 내 꿈이 얼마나 무기력하고 산문적으로 되었는지 창피한 노릇이다. 그놈의 꿈이란 것이 낭만적 풍미도 없고, 전원의 향취도 띠고 있지 못하다. 그 꿈이란 것은 이제 건축이나 건물에 관한 것 ─ 아직 구경한 일도 없고 구경하고 싶지도 않은 외국의 도시들에 관한 꿈이 되고 말았다.

나는 보통 날 하루쯤 되는 시간에 로마, 암스테르담, 파리, 리스본을 — 그들 도시의 사원들, 궁전들, 광장, 시장, 상점들, 교외, 황폐한 지역 등을 말할 수 없이 기분 좋은 상태로 — 지도와 같이 백발백중으로 길을 찾아가고, 거의 깨어 있을 때와 같이 대낮 같은 생생한 환상 속에서 돌아다닌 일이 있다. 일전에는 웨스트모어랜드[9]의 고원 지대 — 내가 구경한 제일 높은 알프스다 — 를 돌아다녀보았지만 그 산들은 내 꿈의 인식을 가지고 파악하기에는 너무나 거대한 대상이다. 그리고 어떻게 해서라도 헬벨린 산[10]의 위용을 그려보려고 나의 심안(心眼)으로 분투해보지만 수포로 돌아가고 자꾸 잠에서 깼다. 그 지역에 있는 것 같긴 한데, 산들은 사라지고 없다.

내 꿈이 이 모양으로 가련하게 되니 속이 상한다. 콜리지는 일찍이 자기의 시 〈쿠빌라이칸〉[11]을 쓰기 위해, 얼음으로 된 둥근 지붕, 쾌락의 집, 아비시니아의 처녀, 아라비아의 노래, 그리고 동굴,

    신성한 강, 앨프가 흐르는 곳,

등을 자기 마음대로 불러내어 밤의 외로움을 달랬다. 그런데 나라는 위인은 깡깡이 하나도 불러내지 못하니……[12] 배리 콘월[13]은 해신 트리톤들과 바다의 요정 네리이드들로 하여금 한밤중의 환상 가운데서 자기 앞에 나와 춤을 추게 하고, 바다의 신 넵튠의 아들들을 찬양하게 하기도 했는데, 내 상상의 날개를 활짝 펴서 법석을 피워봐야 밤 시간에 생선 장수 여편네의 귀신조차도 불러낼 수 없으니 말이다.

속상한 마음을 참고 이러한 나의 실패를 좀 밝혀보면, 나의 환상이 이런 해신의 환영 쪽으로 세차게 내달린 것은 이 시인의 〈꿈〉이라는 훌륭한 시를 읽고 난 다음부터였다. 그리고 이를테면 내 손에 갇혀 있는 보잘것없는 조형술이라는 것이 바로 그날 밤 일종의 꿈속에서 내 바보 같은 기분을 만족시키도록 작용했다.

돌이켜보면 나는 어떤 바다의 결혼식에 가서 대양의 거대한 물결 위에 있었다. 내 앞에 소라고둥 나팔로 불어대는 통례의 행진 대열과 더불어 높직이 물결을 타고 올라서, (내가 그 행렬을 이끄는 신이었음을 믿어도 좋다) 유쾌히 그 대양을 넘어 질주했는데, 마침내 바다의 여신 이노가 흰 포옹으로 나를 맞이하자(나는 그것이 이노였다고 생각한다) 파도가 서서히 물러나고, 험악한 바다가 잔잔한 바다로 가라앉아서 거기로부터 강물 같은 흐름이 생겼는데, 그 강은(꿈속의 낯선 현상이 으레 친숙한 실물로 바뀌듯이) 다름 아닌 조용한 템스 강이었다. 그 강은 한두 차례 잔잔한 물결을 일렁이더니, 나를 홀로 무사하게 그러나 무안하게도 램버스[14] 궁전 가까이 어디엔가 상륙시켜주고 말았다.

잠자는 동안 영혼의 창작 능력의 정도는 같은 영혼이 깨어 있을 때에 지니는 시적 기능을 조금의 오차도 없이 그대로 보여준다. 나의 친구이자 재담가인 한 노신사가 늘 내세우는 지론이 있었는데, 누구든 자기가 아는 사람 중에 시인이 되고자 열망하는 풋내기를 대하면, 우선 이렇게 물었다. "젊은이, 자네는 어떤 꿈을 꾸나?" 나는 이 친구의 이론을 전폭적으로 지지한다. 그래서 그 소용도 닿지 않는 시를 써보겠다는 생각이 들면, 나는 저 꿈속에서 숨고 만 바다의 여신과 그 상서롭지 못한 상륙을 기억하고, 내 분수에 맞는 산문이라는 세계 속으로 바로 주저앉고 만다.

굴뚝 청소부 예찬

 나는 굴뚝 청소부 만나기를 좋아한다. 이해를 바란다. 어른 청소부가 아니다. 나이 든 굴뚝 청소부들은 아무래도 매력이 없다. 그 처음으로 묻힌 검댕 속에서 꽃망울처럼 피어나고, 엄마가 닦아준 자국이 아직도 그 볼에서 완전히 지워지지 않은 저 어린 풋내기 청소부 말이다. 그 녀석들은 새벽이 밝아오면, 아니 어쩌면 그보다 더 일찍 일어나 나와, 어린 참새 새끼의 쩍쩍거리는 소리와도 같이 굴뚝 청소요, 굴뚝 청소요, 하고 귀여운 소리를 지르고 다닌다. 또는 녀석들이 해가 뜨기도 전에 굴뚝 높이 오르는 일도 드물지 않으니, 아침 종달새를 더 닮았다고 말해야 옳을까?
 나는 이런 희미한 반점(斑點) ─ 가난한 얼룩 ─ 천진스런 검댕에 대해 따스한 동경을 느끼게 된다.
 나는 우리나라 태생의 이 어린 아프리카 소년들을 존경한다. 잘난 척하지도 않으며 검은 법의(法衣)를 입은 채, 살을 에는 듯한 12월 새벽의 추위 속에서, 자그마한 설교단(굴뚝 꼭대기)에 서서 세상 사람들에게 인내의 교훈을 설교하는, 이 성직자가 거의 다 되어버린 개구쟁이들을 존경한다.

나 어릴 적에 그들이 일하는 것을 바라보면 정말 희한한 즐거움이 들었다. 나보다 더 크지도 않은 아이가 알 수도 없는 어떤 방법으로 지옥의 입구 같은 데를 들어가는 것을 보고, 저렇게도 캄캄하고 숨 막힐 듯한 많은 동굴들, 저 무시무시한 어둠의 지옥을 더듬거려 들어가는 청소부 아이의 모습을 마음속에서 뒤쫓다 보면 "이제 저 아이는 절대로 살아나오지 못할 거야!"라고 생각하고 무서워 진저리를 치지만 이윽고 햇볕 속에 다시 나왔다고 가냘프게 외치는 소리에 희망이 되살아난다. 그런 다음(아, 얼마나 기분이 좋았던가!) 문 밖으로 뛰어나가면 그 유령 같은 까만 족제비가 별 사고 없이 모습을 드러내고, 점령당한 성채 위에서 나부끼는 깃발처럼 의기양양해서 제 굴뚝 쑤시개를 휘두르는 것을 보게 된다! 나는 언젠가 어느 심보 고약한 청소부가 굴뚝 속에 빠져 그대로 있었는데 가지고 있던 굴뚝 쑤시개가 바람 부는 방향을 가리켜주고 있었다는 이야기를 들은 기억이 있다. 그것은 확실히 무서운 광경이었다. 마치 "왕관을 쓴 아이 혼령이 손에는 나무를 들고 일어선다"라고 하는 〈맥베스〉 가운데 있는 옛 무대 지시 같기도 했다.

독자 여러분이여, 이른 아침 산책길에 이런 꼬마 신사를 만나거든, 녀석에게 한푼 쥐어주는 것이 좋으리라. 두 푼을 준다면 더욱 좋겠다. 만약 얼어붙는 매서운 날씨에 원체 힘에 겨운 어려운 일인데다, 엎친 데 덮친 격으로 양 발꿈치에 동상까지 걸려 있다면(보통 있는 일이지만), 당신의 인정에 대한 요구는 분명 여섯 푼으로 늘어날 것이다.

내가 알기로는 사사프라스라고 불리는 단맛이 나는 나무를 주성

분으로 만들어지는 합성물이 있다. 이 나무를 차 달이듯 달여서 우유와 설탕을 넣으면, 사람에 따라서는 그 맛이 중국의 고급 차를 능가할 만큼 훌륭하다고들 한다. 단 당신의 입맛에 이것이 어떠할지는 알 수 없다. 나로 말하면 사리분별에 밝은 리드 씨에게 깊은 경의를 표하는 바인데, 그분은 벌써 호랑이 담배 피던 시절에 브리지가(街)와 제일 가깝게 접해 있는 플린트 가 남쪽 편에 이 '피와 살이 되고 상쾌한 음료'를 파는 가게(그가 주장하는 바로는 런던 시내에서 단 한 군데밖에 없는 가게), 즉 '단 하나의 살로피아의 집'을 열어놓았지만, 나는 그가 권하는 혼합물의 찻잔에 단 한번도 입술을 적실 용기가 나지 않았다. 나의 위장은 마땅히 해야 할 예절을 다 지키려 하건만 코에 와 닿는 그 역겨운 냄새는 마셔서는 절대 안 된다고 끊임없이 속삭여댔다. 그러나 나는 다른 음식에도 정통한 미식가들이 허발을 해서 그 음료를 마시는 것을 보았다.

몸의 어떤 특수 구조로 인해서 그런 현상이 일어나는지 모르지만, 나는 늘 이 혼합물이 놀라울 만큼 어린 굴뚝 청소부의 미각을 만족시킨다는 것을 알고 있다. 그 유질(油質)의 분자라는 것이(사사프라스는 기름기가 조금 있다) 이들 풋내 나는 굴뚝장이 입천장에 달라붙어 있어 가끔 눈에 띄는(해부했을 때) 검댕 덩어리를 녹여서 부드럽게 해주는 걸까, 또는 자연의 여신이 이들 풋내기 희생자의 운명에 엄청나게 많은 쓰디쓴 잔을 들이부은 것을 뒤늦게 깨닫고, 달콤한 진정제로 이 땅 위에 사사프라스를 자라나게 한 걸까. 그건 그렇다 치고, 어린 굴뚝 청소부의 감각에 어떤 맛이고 냄새고 간에 이 혼합 음료에 비교할 만큼 묘한 흥분을 일으킬 수 있는 것은 없다. 돈 한푼 없는 가난뱅이인 까닭에, 하다못해 단 한 가지 감각이라도 만족시키려는 바람에서 마치 집에서 기르는 짐승, 즉 고양이가 새로 돋아난 쥐오줌풀 순을 바라보고 가르랑거리며 좋아하는 것처럼, 녀석들도 서려 오르는 김을 앞에 대하고 그 검댕덩이 머리를 떨군다. 이런 공감이 되는 것들 가운데는 철리(哲理)로써 설명할 수 없는 것이 있다.

그런데 리드 씨가 자기 가게만이 '단 하나의 살로피아의 집'이라고 거들먹거리는 것이 이유가 없는 것은 아니나, 독자 여러분은 이것만은 알고 있어야 한다. 당신이 만약 초저녁잠이 많다면 필시 그런 사실을 모르고 있겠지만 그 사람에겐 부지런한 모방자들이 많이 생겨났는데, 이 남의 흉내를 내서 장사를 한다는 사람들이 캄캄한 꼭두새벽부터 노점을 펴고 그 냄새가 좋은 음료를 가난뱅이 손님들한테 팔아먹는다는 사실을 말이다.

그 시간이라는 것은(양극단이 함께 어울리는 것같이) 한밤중까지 술을 퍼마시다 갈지자걸음으로 집에 돌아가는 난봉꾼과 하루의 일을 시작하려고 꼭두새벽같이 일어나 나오는 억센 손을 한 일꾼이 서로 더 좋은 길을 차지해 걸으려고 밀치고 제치고 해서 술 취한 난봉꾼이 적지아니 고생하는 시간이기도 하다. 또한 그 시각은 여름철이면 부엌의 불이 이미 꺼지고 다시 불을 켜기에는 아직 이른 시간으로, 우리가 사는 서울의 수챗구멍에서는 대단히 아름답지 못한 향기를 풍겨내는 시간이기도 하다. 술주정뱅이들로 보면 밤새껏 들이켠 취기를 보다 기분 좋은 커피로 싹 씻어버리고 싶은 형편이니, 그 구역질이 나는 냄새를 지나면서 저주하지만, 일꾼들은 발을 멈추어 맛을 보고는, 그 향기로운 아침 요기를 고마워한다.

 이것이 바로 '살루프'이다. 새벽 약초를 파는 아낙네가 사랑하는 물건이며, 동이 트면 해머스미스로부터 코벤트 가든의 이름난 광장으로 무럭무럭 김이 나는 호배추를 싣고 달리는 이른 아침 배추장수의 기쁨이며, 또한 가난한 굴뚝 청소부의 기쁨이 되련만, 아! 나에겐 선망의 대상밖에 못 되는 것이 아쉽다.

 설혹 당신이 얼굴에 앙괭이를 그린 청소부가 머리를 떨군 채 기분 좋게 서려 오르고 있는 김을 바라보고 있는 광경을 우연히 대하게 된다면, 그 호화로운 음료 한 사발하고(불과 서푼 반이면 될 테니까) 입맛 나는 버터 칠한 빵 한 조각(반 푼만 더 쓰면 되니까)하고 해서 한턱 내보시라. 그렇게 되면 당신 집의 부엌불은 당신이 뜬금없이 베푼 대접으로 인해서 더덕더덕 붙은 검댕이가 싹 털리고 더욱 가벼워진 기세로 하늘로 쑥 빠져 올라갈 것이다. 그러면 검댕이 떨어져 당신이 돈을 많이 들여 잘 끓인 국을 버리는 일도 없을 게고, 또 "굴뚝에서 불이야!" 하는 지겨운 고함 소리가 이 거리 저 거리를 순식간에 퍼져, 근처 여남은 군데나 되는 교구로부터 요란스럽게 윙윙대는 불자동차를 불러들여, 엉뚱한 불꽃 때문에 당신의 무사태평과 호주머니 사정을 교란시키는 일도 없을 것이다.

 나는 본래 천성이 길바닥에서 당하는 창피를 참지 못한다. 사람들이 해대는 조롱이나 야유라든지, 신사가 어쩌다 나동그라진다든지, 양말에 흙탕물이 튀겨 쩔쩔매는 것을 보고 야비하게 쾌재를 부르는 그런 따위 말이다. 그러나 어린 굴뚝 청소부의 농담 같은 것은 관용 이상의 어떤 기분으로 참고 들어줄 수가 있다.

재작년 겨울에 나는 늘 그렇듯이 칩사이드 가 서쪽으로 성급히 걷고 있었는데, 아차 하는 사이에 제대로 미끄러져 벌렁 나자빠지고 말았다. 나는 아프기도 하고 창피해서 정신이 없었지만, 겉으로는 아무렇지도 않은 것처럼 태연한 척하려고 애를 썼다. 그런데 이때 어린 굴뚝 청소부 녀석의 장난기 어린 얼굴과 마주치게 되었다. 녀석은 거기 서서 검댕이 묻은 손가락으로 떼지어 있는 사람들에게, 특히 한 궁상맞아 뵈는 여자(녀석의 어머니로 추측되는)에게 나를 가리키고, 재미있어 죽겠다는 듯이(녀석 딴에는), 그 가련한 빨간 눈 가장자리에 눈물까지 비쳤다. 눈이 빨간 것은 전에 많이 울었고, 검댕이 염증을 일으켜 그런 것이겠지만, 황량한 생활 속에서 그러한 재미거리를 뜻밖에 보게 되어 눈에는 반짝반짝 광채가 돌고 있었다.

그것은 호가스[1]—아니 호가스는 이미 그런 광경을 〈핀츨리의 행진〉이라는 그림에 그리고 있지만(어찌 그가 그런 것을 놓칠 수 있겠는가?), 그것은 굴뚝 청소부가 파이 장수를 보고 싱글거리고 있는 것이다. 녀석은 마치 그 웃음거리가 끝없이 계속되고 있는 듯 그림 속의 인물같이 꼼짝 않고 서 있었는데 녀석의 신명나는 기분 속에는 최대의 즐거움과 최소의 짓궂은 생각이 어울려 있었다. 진짜 굴뚝 청소부의 웃음에는 절대로 악의가 없었다. 만약에 신사의 체면을 깎지 않고 그런 조롱을 받아넘길 수 있어서, 한밤중까지라도 녀석의 놀림거리와 웃음거리의 대상이 되어줄 수 있다면 조금도 마음에 서운할 게 없다.

나는 이론상으로는 이른바 잇속(齒列)이 좋다는 데 대해서 별반 매력을 느끼고 있지 않다. 장밋빛 두 입술은(숙녀분들, 용서하십시오) 아마도 그러한 보석을 담고 있는 상자로 생각되나, 내 의견으론 될 수 있는 대로 그 이를 '드러내는' 것을 삼가야 할 줄 안다. 정숙한 숙녀나 점잔을 빼는 신사라 하더라도 이를 드러내 보이는 것은 살 속의 뼈를 드러내 보이는 것이다. 그렇지만 솔직히 말해서 진짜 굴뚝 청소부의 입에서 하얗게 반짝이는 뼈를 드러내놓고 보이는 것은(설사 자랑삼아 한 짓이라 하더라도) 예의상 기분 좋은 변칙이며, 용서할 수 있는 허영으로 볼 수 있다. 그것은 마치

    검은 구름이
    밤에 그 은빛 안자락을 뒤집어 보인다.

라고 한 것과 마찬가지다. 그것은 또 아직 다 없어지지 않은 상류층의 쓰다 남은 찌꺼기 같은 것이며, 한시절 가던 때의 표시 같은 것이며, 내로라하던 양반들의 암시 같은 것이다. 그리고 의심할 것도 없이, 그들의 출신을 가리는 암흑과 버림받은 신세로 떨어진 변장(變裝)의 이중 암야(二重暗夜)[2] 속에는 흔히 상실된 조상들과 망해버린 가문에서 이어받은 훌륭한 혈통과 지체 있는 집 기풍이 숨겨져 있다. 이런 나이 어린 희생자들에게 고용살이를 너무 일찍부터 시키는 것은 어린이 유괴를 엄청나게 장려하는 결과가 되는 것이 아닌가 걱정스럽다.

    이런 접붙이기를 한 나이 어린 청소부들에게서(달리 설명할 수가 없는) 아주 흔히 볼 수 있는 음전한 태도나 참다운 예절의 씨앗

은 명백하게 남의 자식을 강제로 제 자식으로 만들었다는 사실을 내비치고 있다. 오늘날에 있어서까지 자기 자식을 잃고 비탄하는 고귀한 라헬[3]과 같은 많은 어머니들이 있다는 것이 이 사실을 증명하는 셈이다. 요정이 아이를 채뜨려간다는 이야기는 이 슬픈 사실을 슬그머니 말해주는지도 모른다. 그리고 어린 몬터규[4]가 유괴되었다가 되돌아온 사실은 그 수많은 돌이킬 수 없는 절망적인 유괴 사건 중에서 단 한 번의 외로운 행운의 예에 불과하다.

몇 년 전 애런들 성 안의 한 위엄 있는 침대, 즉 공작의 천개(天蓋) 밑에서—하워드 가의 그 저택은 찾아가는 사람들의 호기심을 불러일으켰는데, 그것은 주로 그 침대 때문이었고, 그 침대에 대한 죽은 공작의 감식력(鑑識力)은 특별했다—별 모양의 보관(寶冠)들이 아로새겨진 정교하기 이를 데 없는 진홍색 장막에 둘러싸이고 비너스가 아스카니우스를 어르면서 잠재웠다는 무릎보다도 더 희고 보드라운 두 장의 시트에 싸인 채, 행방불명이 된 뒤 별별 짓을 다해서 찾았지만 눈에 띄지 않던 굴뚝 청소부가 대낮에 세상모르고 자고 있는 것이 우연하게 발견된 일이 있다. 그 꼬마 녀석은 그 복잡하기 짝이 없는 엄청난 굴뚝에 들어갔다가 길을 잃고 헤매던 끝에 어딘지 알 수도 없는 빠끔한 구멍으로 내려와보니 결국 이 굉장한 방으로 들어오게 되었다. 녀석은 신물이 날 정도로 지루한 탐험 끝에 그만 지쳐떨어져, 그 방 안에 널려 있는 유쾌한 휴식으로의 초대에 뻗대지 못하여 몸을 맡기고, 살그머니 시트 속으로 기어 들어가 그 새카만 머리를 베개에 처박은 채, 어린 하워드 가의 아들인 양 잠들고 말았다.

이것이 그 성을 찾아간 사람들이 듣게 되는 이야기다. 그런데 나는 이 이야기 속에 내가 방금 암시한 것을 확증할 만한 사실이 들어 있는 것 같은 기분이다. 내 생각이 엉뚱하지 않다면 이 경우에는 품격 높은 본능이 작용했을 것이다. 그런 부류의 가난뱅이 자식이라면 제아무리 녹초가 되었다 한들, 벌을 받을까 봐 두려움에 미리 떨지 않고, 제 주제하고는 비교할 수 없이 고귀한 잠자리라는 것이 명백한 융단과 양탄자를 보고도 감히 공작 침대의 시트를 걷어 올리고 그 속에 유유하게 드러누울 수 있겠는가? 묻거니와, 내가 주장하는 그 위대한 천성의 힘이 그 아이 속에 나타나서 그러한 모험을 촉구하지 않았던들 이 일이 과연 가능했겠는가?
　분명히 이 어린 귀족은(나로서는 이미 그렇게 믿고 있는 바지만) 어릴 적 일을 충분히 의식하고 있지는 못하지만, 어린애 때 엄마나 유모가 방금 여기서 본 그런 시트에 싸서 늘 재워주던 기억에 이끌리어, 저의 당연한 요람인 동시에 휴식처인 곳으로 기어 들어 갔음이 틀림없다. 이 전세의 신분에 대한 느낌(나는 이렇게 부르겠는데) 말고는 어떤 다른 이론을 가지고도, 나는 이 대담한 행동을 설명할 수 없거니와 또 어떤 다른 방법을 쓴다 해도 이 귀엽긴 하지만 버릇없이 잠들어버린 철부지 녀석을 설명할 수 없다.
　나의 유쾌한 친구 짐 화이트는 이와 같은 변신의 예가 자주 일어나고 있다는 소신을 마음속 깊이 굳히고, 이러한 가련한 어린이들의 뒤바뀐 운명을 조금이나마 바로잡고자 해마다 굴뚝 청소부 잔치를 열어, 그 자신이 스스로 주인이 되고 심부름꾼이 되는 역할을 하는 것을 즐거움으로 삼았다.

그는 해마다 성 바솔로뮤[5]의 장날이 돌아올 때면 스미스필드에서 엄숙한 만찬회를 벌였다. 초대장은 그 일주일 전에 런던 시내와 그 변두리에 있는 굴뚝 두목들한테 보내졌는데, 초대 범위는 꼬마 녀석들로만 한정했다. 나이는 좀 많지만 풋내기인 청소부들도 이따금 끼어들지만, 싫은 기색 없이 봐넘겼다. 그러나 주체는 어디까지나 꼬마 녀석들이었다. 그런데 한번은 어떤 불운한 사람이 검은 옷 하나만 믿고서 이 모임에 끼어들었다. 그러나 하느님의 뜻이라고나 할까, 몇몇 가지 표시가 눈에 띄어, 굴뚝 청소부가 아니라는 것이 탄로가 나서(검게 보인다고 다 검정은 아니니까)[6], 굴뚝 청소부의 예복을 입지 않았다는 이유로 모두의 분격을 사게 되어, 그 자리에서 당장 쫓겨났다. 그러나 대체적인 분위기는 매우 화기애애했다.

지정된 회합 장소는 시장 북쪽으로 가축우리들이 있는 가운데 자리잡은 편리한 곳이어서, 그 허영기 어린 시장이 내뱉는 왁자지껄한 기분 좋은 소리가 들릴 만큼은 가까운 곳이었으나, 그렇다고 지나가는 구경꾼들이 입을 헤벌리고 일일이 들여다보며 방해하지 않을 만큼은 먼 곳이었다. 손님들은 일곱 시쯤 모여들었다. 대단할 것 없는 임시 객실에는 세 개의 식탁이 품위랄 것은 없지만 실용적인 식탁보로 덮여 있고, 식탁마다 예쁘장한 아낙네들이 기름이 지글거리는 소시지 냄비를 들고 다니며 대접했다. 어린 개구쟁이 녀석들의 콧구멍은 그 맛있는 냄새로 벌름거렸다.

제임스 화이트는 첫 식탁의 급사장으로 책임을 떠맡았으며, 나는 믿고 지내는 친구 비고드와 더불어 나머지 두 식탁을 전반적으로 돌보았다. 확실하다고 말해도 좋을 만큼 모두들 첫째 식탁을 차지하려고 시끌벅적하게 밀쳐대는 일이 다반사였다. 그 까닭은 로체스터[7]라는 친구가 형언할 수 없을 만큼 광태(狂態)를 부리던 시절에도 내 친구 화이트만큼 그 분위기에 걸맞게 신바람이 나서 익살을 피워대진 못했기 때문이다.

  그는 모인 사람들이 자기에게 보낸 경의에 대충 고맙다는 표시를 하고 나면 재회 인사를 했는데, 그 인사라는 것은 옆에 서서 그 '신사분'한테 축복 반, 저주 반으로 투덜거리며 안달을 부리고 있는 어슐러 노부인의(셋 중에 제일 비대한) 비계 덩어리 허리를 껴안고, 그 정숙한 입술에 쪽 하고 애정 어린 인사의 입맞춤을 하는 것이었다. 그러면 그곳을 가득 메운 사람들은 하늘이 찢어질 듯이 환호성을 올리며, 동시에 수백 개의 이빨을 드러냄으로써 그 번쩍이는 빛으로 밤의 어둠을 깜짝 놀라게 했다.

  아, 새까만 꼬맹이들이 기름기가 번질번질한 고기를 그보다 더 기름기가 번들거리는 화이트 씨의 이야기와 곁들여서 혓바닥을 널름대며 먹는 모양을 바라보는 일, 주인이 조그만 꼬마들의 입에 알맞게 작은 고깃점을 골라주고, 큰 고기 조각은 큰 녀석들 몫으로 밀어 제쳐놓고, 며칠 굶은 것처럼 마구 집어삼키려는 천방지축한 아이한텐, "아, 잠깐, 그건 다시 냄비에 넣어서 푹 구워야지, 그건 신사가 먹을 게 못 돼"라고 외치며 말리던 일, 여기 있는 하얀 빵 한쪽, 저쪽의 한데 붙은 빵 껍질 한쪽을 귀여운 꼬마 녀석에게 권하면서, 꼬마들 모두에게 이야말로 부모한테서 물려받은 제일 소중한 재산이기 때문에 이를 부러뜨리지 않도록 조심하라고 주의시키던 일, 또 별것도 아닌 메일 주(酒)를 마치 고급 포도주나 되는 것처럼 정중하게 따르면서, 양조장 이름을 대고 만약 술맛이 글렀다면 다시는 팔아주지 않겠다고 공언하던 일, 게다가 마시기 전에는 입을 닦으라고 특별히 충고를 늘어놓던 일, 이런 일들을 바라보는 기분이란 얼마나 즐거울까.

그런 다음 우리는 축배를 들었다. "국왕을 위하여" "검은 옷을 위하여" 녀석들이 알든 모르든 그것은 즐겁고 신바람나는 것이었다. 그리고 기분이 최고조에 달하면 영락없이 "굴뚝 쑤시개가 월계관보다 뛰어나길" 하고 외쳤다. 이러한 말과 그 밖에 적잖은 기상천외한 말들을 꼬마 손님들이 이해했다기보다는 느낌으로 알아차렸다고 해야겠지만 주인이 식탁 위에 올라서서, "꼬마 신사 여러분, 이러이러한 소리를 하는 것을 양해해주십시오"라고 다정하게 서두를 꺼내면 그 어린 고아들에게는 굉장한 위안이 되었다. 이따금 연기가 무럭무럭 나는 소시지 조각을 마구잡이로 입에다 쑤셔넣고 떠들어대는데(이런 모임에서는 까다롭게 구는 것이 어울리지 않기 때문에), 그것이 녀석들에겐 엄청 신나는 것이었고 이 잔치에서 제일 입맛을 끌어당긴 요리였음에 틀림없었을 듯하다.

황금의 소년 소녀들도
굴뚝 청소부처럼 흙먼지가 되리라.[8]

제임스 화이트는 가고, 그와 더불어 이 잔치도 없어진 지 오래다. 그는 죽으면서 세상의 재미있는 것들을 반은 가져가버리고 말았다. 적어도 나의 세계에 있어서는 말이다. 그의 옛날 단골들은 가축 시장 우리 안에서 그를 찾아 헤매지만, 그를 못 만나 서운해하며, 변해버린 성 바솔로뮤의 축제와 영원히 떠나버린 스미스필드의 영광을 원망하고 있다.

식사 전의 기도

식사하기 전에 기도를 드리는 습관은 아마도 태곳적—정식 식사를 한다는 것이 쉽지 않고, 더구나 음식을 배불리 실컷 먹는다는 것은 호박이 덩굴째 굴러 떨어진 격으로 여겨지던 수렵 시대에 그 기원을 두고 있는 것으로 생각된다. 그 시절에는 배불리 실컷 먹는다는 것이 웬 떡인가 싶게 횡재로 여겨졌고, 각별한 하느님의 은혜로 생각되었다. 한동안 지독히 굶주린 끝에 운 좋게 사슴이나 염소 고기를 전리품으로 획득하여 환성과 개가를 부르며 으레 집으로 메고 돌아올 때, 그런 데서 요즈음의 감사 기도의 싹이 트지 않았나 생각된다.

그렇지 않다면 어찌해서 음식이라는 은혜에만—먹는다는 행위에만—거기에 따르는 특별한 감사의 표시를 하고, 그 외의 수많은 각종 혜택이나 생존에 필요한 훌륭한 물건들을 향유(享有)할 수 있는 경우에 대해서는 그와 달리 입 밖에 내지 않고 가슴속으로만 감사의 뜻을 품는지를 쉽게 이해할 수 없다.

나는 하루를 지내는 동안에 식사 때를 제외하고도 스물 몇 번은 기도를 드리고 싶은 심정임을 고백한다. 유쾌한 산책을 즐긴다든가, 달밤을 거닌다든가, 정다운 친구와 만난다든가, 혹은 골치 아픈 문제가 해결된다든가 했을 때 거기에 맞는 기도의 형식이 생겼으면 한다. 무슨 까닭에 영혼의 식량인 책에 대해서는—밀턴을 읽기 전의 기도라든지—셰익스피어를 펴기 전의 기도라든지—스펜서의 《선녀왕(仙女王)》을 읽기 전에 마땅히 가져야 할—경건한 마음의 자세 같은 것이 보이지 않을까?

그러나 세상이 인정하는 의식은 오로지 먹는다는 의식에만 한정되어 있기 때문에 나의 의견은 정당하게 불리어지는 식전의 기도에 관한 경험에만 한정하겠다. 나의 기도를 확대하겠다는 새로운 계획은 집회를 어디서 한들 상관없지만, 유토피아다운 라블레[1]식(式)의 어느 아득한 집회에서 사용하기 위하여, 지금 나의 친구 호모 휴마누스[2]가 편집하고 있는 그 대단한 철학적이고, 시적이면서도, 때로는 부분적으로 이교적인 기도서의 어떤 한 귀퉁이에다 넣어두고자 한다.

먹기 전에 올리는 기도의 형식은 가난한 사람들의 밥상에서나, 아이들의 먹을 것도 대단찮고 먹을 마음도 내키지 않는 그런 밥그릇 앞에서 하는 것이 아름답다. 이러한 경우의 식전 기도야말로 매우 품위 있게 돋보인다. 내일은 목구멍에 풀칠을 하게 될까 어떨까 하고 걱정하는 곤궁한 사람은 하느님의 은혜를 실감하고 밥그릇 앞에 앉지만, 저녁을 굶는다는 생각이 그저 극단적인 상상에 불과한 부자의 마음속에는 먹을 것을 걱정한다는 생각이 일어나지 않는다. 부자들은 음식의 적절한 목적—동물적인 영양분—에는 거의 생각이 미치지 않는다. 가난한 사람들의 빵은 나날이 일용할 양식이며, 문자 그대로 하루를 살기 위한 양식이지만 부자들의 가지가지 진수성찬을 차려놓은 식사는 연중 끊어지는 일이 없다.

 다시 말하면 가장 소탈한 식사야말로 감사 기도로 시작하기에 가장 합당한 것 같다. 식욕을 최소한으로 자극시키는 음식은 마음을 최대한으로 자유롭게 해줘서 다른 일을 생각하게 한다. 사람들은 무를 곁들인 변변찮은 양고기 한 접시를 앞에 놓고 고마워하고, 정말 진심으로 고마워하며 먹는다는 것에 대한 의식 제도를 생각해볼 마음의 여유를 갖게 된다. 그런데 사슴 요리나 산비둘기 요리를 코앞에 대하면 기도의 목적과 일치하지 않는 마음의 혼란이 일어난다.

 한번은 부잣집 식탁에 같이 끼어 앉게 되었는데(촌닭 잡아다 놓은 격이지만), 맛있는 고깃국과 콧구멍을 살살 건드리는 가지각색 요리 냄새와 집어먹고 싶은 욕망에 어디다 먼저 젓가락을 대야 할지 정신을 차리지 못하는 손님들이 입술에 군침을 적시고 앉은 마당에 의식을 끌어들인다는 것은 뚱딴지같은 짓이라고 느끼지 않을 수 없었다. 열흘 굶은 것처럼 식욕은 마구 끓어오르는데, 여기서 종교적인 감정을 끼워 넣는다는 것은 당치도 않은 노릇 같다. 군침이 그득한 입으로 찬사를 늘어놓는다는 것은 목적의 혼란이다. 미식주의의 열기는 신앙의 온화한 불꽃을 꺼버리고 만다. 주위에 있는 접시에서 피어오르는 냄새는 이교의 것이고, 뱃속 귀신은 그것을 제 것으로 가로채버린다. 음식이 필요 이상으로 남아돈다는 바로 그 자체가 목적과 수단 사이의 모든 균형감을 말소시켜버린다. 주시는 하느님은 그 내려준 물질로 인해서 가려지고 만다. 인간은 받으면 감사한다. 그런데 무엇 때문에? 숱한 사람들이 먹을 게 없어 죽어가는데 먹을 것이 너무 많아 주체를 할 수 없어 감사를 드린다는 그 따위 불공평에 깜짝 놀라게 된다. 그것은 하느님을 잘못 찬양하는 것이다.

감사의 기도를 올리는 선량한 사람들이 아마 본의는 아니었겠지만 이러한 거북한 기분에 싸이는 것을 종종 목격한 일이 있다. 성직자들이나 그 밖의 사람들 가운데서도—부끄러운 일이지만—하느님의 축복을 더럽히는 상황이 세상에는 공존하고 있다는 생각을 지닌 것을 본 일이 있다. 또 몇 초 동안 경건한 목소리로 기도를 올린 뒤 금방 쏜살같이 맥 빠진 여느 때의 목소리로 돌아가다니! 마치 어떤 불안한 위선의 감정을 몰아내기라도 하는 듯이 자신도 먹어대고, 이웃 손님들에게도 집어주었다. 그렇다고 그 선량한 사람이 위선자였다는 것도 아니고, 자기의 임무를 이행하는 데 성의를 다하지 않았다는 것도 아니다. 그러나 그는 마음속 한가운데서 눈앞에 벌어진 광경이나 음식은 차분하고 합리적인 종교상의 감사 기도와 양립할 수 없음을 느꼈다.

누군가 외치는 소리가 들린다. 당신은 돼지들이 구정물통에 몰려들듯 기독교 신자들이 하느님을 생각할 겨를도 없이 식탁에 앉도록 하겠는가? 천만의 말씀이다. 나는 기독교 신자들이 주시는 하느님을 기억하고 앉게 하지, 돼지처럼 그렇게 덤벼들도록은 하지 않겠다. 혹은 그들의 식욕이 마구 날뛰어서, 세상 구석구석에서 샅샅이 찾아낸 산해진미로 배가 터지도록 먹지 않으면 안 되겠다면, 식욕이 가라앉을 적당한 시기까지 그들의 기도를 미루어놓도록 조치하겠다. 그렇게 되면 하느님의 조용하고 나직한 음성도 들리고, 기도를 할 수 있는 이성도 되살아날 것이다. 알맞은 식사와 제한된 음식 접시와 함께. 대식과 과음은 감사를 드리기에 마땅한 기회가 못 된다. 여수룬[3]이 비대해짐에 발길질을 했다는 것을 성경에서 읽은 일이 있다. 베르길리우스는 하르피아 새[4]의 성질을 더욱 잘 알고 있었기 때문에, 켈라이노의 입에 조금도 축복의 말이 담기게 하지 않았다.

우리는 어떤 음식이 다른 음식보다 맛이 좋다는 것을 고맙게 느끼기는 하나 그것은 비교적 상스럽고 열등한 감사이다. 그러나 밥상을 앞에 놓고 드리는 기도의 합당한 목적은 맛이 아니라 영양이다. 그 풍미에 있는 것이 아니라 그날그날의 양식에 있으며, 생활의 수단이지 죽은 고기를 실컷 배불리 먹는 그런 짓이 아니다.

런던 시청 소속 목사는 도대체 어떤 기분과 침착성을 가지고 그 빽적지근한 잔치 마당에서 축복의 인사를 내놓을지 두고 볼 노릇이다. 그 자리에서 그가 마지막으로 매듭짓는 경건한 말씀은—필경 기도를 끝마칠 때 늘 부르짖는 예수 그리스도의 거룩한 이름을 들먹이겠지만—저 베르길리우스가 쓴 새처럼 진정한 감사의 뜻(그것은 절제이다)은 찾아볼 수 없고 그 천한 난장판 잔치를 시작하려고 안절부절못하고 기다리는 그 많은 욕심꾸러기 하르피아들에게 먹어치우라는 신호밖에 되지 못한다. 저 안개처럼 피어나는 구미를 동하게 하는 김이, 맑고 깨끗한 기도 소리와 뒤범벅이 되어 하느님께 드린 기도를 더럽히고, 그로 인해서 목사의 신앙심을 조금은 흐려놓는다는 것을 목사 자신이 느끼지 못한다면 괜찮은 편이다.

상다리가 부러지게 차려놓은 음식과 배가 터지게 먹는다는 것에 대한 제일 신랄한 풍자는 《복락원(福樂園)》가운데서 마왕인 사탄이 예수님을 유혹하기 위해 광야에 차려놓은 바로 그 향연이다.

> 제왕(帝王)의 격식으로 풍요하게 차려놓은 식탁
> 고여놓은 접시들, 진귀한 육류와 그 맛,
> 사냥해 잡은 각종 짐승들과 날짐승,
> 반죽을 씌워서, 혹은 산적으로, 또는 삶아서,
> 용연향(龍涎香)으로 김을 쏘여서,
> 바다와 해변과 흐르는 민물,
> 소용돌이치는 시냇물을 말려서 잡은 오만 가지 생선들,
> 폰투스의 바다, 루크린의 만(灣), 아프리카의 해변까지도.[5]

장담컨대 악마는 축수하는 추천의 인사치레 없이는 이 진미가 실패하리라고 보았다. 악마가 주인이 되는 식전 기도는 짧게 마련이다. 이 시인도 여기서는 그의 평소 예법을 저버린 것이 아닌가 생각된다. 그는 고대 로마의 호사스러움이나 케임브리지대학의 축제일을 생각하고 있었던가? 이 구절은 미식가 엘라가발루스[6]에게나 안성맞춤 격인 유혹이었다. 그 잔치는 온통 너무나 도시풍이고 요리에만 신경을 써서, 거기에 부수적인 것도 모두 그 분위기의 깊고, 추상적이고, 거룩한 면을 더럽혔다. 악마 요리사가 요술을 부려 만들어낸, 대포같이 강한 소스 맛은 손님들의 단순한 식욕과 소박한 허기와는 균형이 맞지 않는다. 꿈속에서 어찌할 바를 몰랐던 손님이라면 자기 꿈속에서 배우는 것이 좋을 뻔했다. 굶주린 하느님의

아들의 조심하는 공상 속에는 어떤 진수성찬이 벌어졌던가? 진정 그분도 꿈속에서 그려보았던 것이다.

식욕은 자연의 맛있는 음식인 고기와 마실 것을 늘 꿈꾸는 것이니.[7]
그러나 무슨 고기인가?
케리스 시냇가에 서 있는 자신을 생각하고,
까마귀들이 그 뿔 같은 주둥이로 아침저녁 엘리야에게 먹이를 나르는 것을 보았겠지.
먹이를 탐냈지만, 먹는 것을 자제함을 배웠도다.
그는 또 예언자가 광야로 도망쳐 나와
노간주나무 아래서 잠을 자고, 그런 뒤
깨어나서 숯불 위에 식사가 마련되고
옆에서 천사가 일어나 먹으라고 이르는 걸 보았도다.
그리고 쉬고 난 뒤 두 번째 요기를 하고,
마흔 날 마흔 밤을 지탱할 힘을 얻었다네.
때때로 엘리야와 같이 먹고
혹은 다니엘의 손이 되어 그가 먹는 콩을 먹었네.[8]

밀턴의 공상 가운데서도 이 성스러운 굶주린 자의 이러한 절도 있는 꿈만큼 기가 막힌 공상을 찾아볼 수 없다. 이러한 두 가지 환상적인 향연 가운데 어느 쪽이 식전의 기도라는 것을 올리기에 더 알맞고 적절하다고 생각하는가?

이론상으로는 식전 기도에 적의를 품고 있지 않지만, 실제에 있어서는(특히 고기를 앞에 놓고는) 뭔가 거북하고 터무니없는 기분이 든다는 점을 고백하지 않을 수 없다. 이런저런 음식들을 먹고 싶어 하는 욕구는 우리의 이성을 깨우쳐주는 최상의 자극제가 되어주며, 그렇지 못할 때에는 종족 보존과 존속이라는 중대한 목적에 차질을 가져온다. 식욕이란 멀리서 알맞게 감사하는 마음으로 명상하기에는 꼭 맞는 축복이나, 식욕이 동하는 바로 그 순간(현명한 독자께서는 내 이야기를 이해하리라)은 아마도 기도를 드리기에 가장 마땅치 못한 시기일 것이다.

우리보다도 더 한층 차분하게 무슨 일이고 처리해나가는 퀘이커 신도들이라면 이러한 축복의 머리말을 꺼내놓기에 더할 나위 없이 적격이다. 나는 언제고 그들의 소리 없는 기도를 찬양해왔으며, 게다가 고기나 음료를 대할 때도 성급하게 대들지 않고 입에 군침을 삼키며 껄떡대는 일이 없음에 더욱 감탄하곤 한다. 그들은 결코 대식가도 아니고 술고래도 아니다. 그들은 또 말이 잘게 썬 건초를 아무 생각 없이 다소곳하게, 그리고 주위를 말끔히 치워가며 먹듯이 그렇게 음식을 먹는다. 또 그들은 기름으로 옷을 더럽히거나 물을 엎지르지 않는다. 나는 사람들이 밥 먹을 때 하는 턱받이 천을 성직자의 예복이라고는 도저히 상상할 수 없다.

나는 음식을 앞에 놓고는 퀘이커 교인이 아니다. 음식류에 관한 한은 무관심할 수 없음을 털어놓는다. 저 기름진 사슴고기 토막들이 시큰둥한 대접을 받는 것은 말이 안 된다. 나는 그런 고기를 무슨 음식을 먹는지 모르겠다는 식으로 꿀꺽 삼켜버리는 인간을 좋아하지 않는다. 더 고상한 취미가 있다고 하는 것 같은 그 따위 인간일수록 더욱 의심스럽지 않을 수 없다. 나는 송아지 고기를 다져서 먹기를 좋아한다고 큰소리치는 인간은 본능적으로 가까이 할 수가 없다.

음식에 대한 취미에는 그 사람의 성격을 보여주는 구석이 있다. 사과로 속을 넣어 만든 경단을 안 먹겠다는 사람은 그 마음이 순수하지 못하다고 C^9는 주장하는데, 나는 그의 말이 옳다고 믿는다. 솔직히 말해서 어린 시절의 순진성이 녹이 슬어감에 따라, 그 해가 없는 맛에 대한 풍미마저도 날이 갈수록 자꾸 시원찮아진다. 모든 야채류에 대한 미각도 떠나버린다. 다만 아스파라거스만은 그 풍미를 떨쳐버릴 수 없고, 아직도 아늑한 사색에 잠기게 한다.

나는 차려놓은 음식에 실망을 하면 참지를 못하고 툴툴거린다. 이를테면 어떤 맛있는 음식을 기대하고 식사 시간에 맞추어 집에 돌아왔는데, 전혀 맛대가리라곤 없는 음식을 내놓으면 그렇게 된다. 버터를 잘 녹이지 않고 내놓는 것은 부엌에서 흔히 저지르는 실수지만 나는 이런 것을 대하면 울화통이 터지고 만다.

《램블러》의 작자는 입맛에 당기는 음식을 보면 알아들을 수 없는 희한한 짐승 소리를 내는 것이 버릇이었다. 이런 소리가 기도를 앞서 나올 수 있는 아주 제격인 음악인가? 아니면 믿음이 독실한 사람이 하느님의 은혜를 평온한 마음으로 명상할 수 있는 시간까지 자기의 기도를 미뤄두는 것이 더 좋았을까?

나는 남의 취미를 이러쿵저러쿵 헐뜯을 생각도 없고, 혹은 환락이나 향연 같은 아주 기분 만점인 일에 금욕주의자 같은 얼굴을 내

밀 마음도 없다. 그러나 이러한 일들은 칭찬할 만한 것이긴 하지만, 품위가 있다든가 단아한 맛은 별로 없어서, 사람들은 감히 고맙다는 기도를 드리기 전에, 마음 한구석에선 기도를 드리는 척 시늉을 하면서 실상은 큼지막한 생선 — 어신(魚神) 다곤[10] — 이 있는 쪽으로 슬그머니 손을 내밀고 있지 않나 확인해볼 필요가 있다.

앞에는 기름진 고깃국을 담은 사발뿐 특별히 마련된 신에게 봉헌하는 상자는 없다 하여 식전의 기도라는 것은 천사나 어린이들의 잔치에나 어울리는 아름다운 서곡이 된다. 또는 샤트루스[11] 수도원에서 먹는 초근목피(草根木皮)의 조악한 음식이나, 가난뱅이 천박한 사람들이 먹는 빈약한, 그러나 감사하는 마음만은 빈약하지 않은 그런 식사에 있어서나 아름다운 것이 될 수 있다. 그러나 배를 두드려가며 먹는 자들과 호사스런 인간들의 저 산더미같이 쌓아올린 식탁에서는 식전의 기도라는 것이 아이들이 호그스 노턴[12]에서 성경 이야기를 들을 때 곁들여 나오는 저 엉터리 풍금 소리보다도 더 엉뚱하고 가락이 맞지 않는 불협화음의 분위기를 만들고 만다.

우리는 너무 긴 시간 동안 음식을 대하고, 음식을 샅샅이 살피고 따지기를 좋아하고, 밥상 앞에 앉아서 마음이 혼란되어 있고, 그 좋은 음식(음식이란 너무 좋으면 안 되니까)을 제 분수에 맞지 않게 너무 많이 차지하려고 하기 때문에 식전에 하느님께 감사를 올린다는 것이 적합할 수가 없다. 분수에 넘치는 것을 붙들고 앉아 그것에 대해 감사하는 짓은 부정에다 위선을 더하는 격이다. 이 진리에 대한 느낌이 마음속 깊숙이 틀어박혀 있기 때문에, 식탁에 앉아서 올리는 기도는 대부분 아주 시들하고 넋이 빠질 수밖에 없다. 식전의 기도가 냅킨처럼 필수불가결한 집에서는 누가 기도를 올리느냐는 문제가 식사 때마다 제기된다는 것쯤은 누구라도 아는 사실이다. 반면에 그 집 주인과 손님인 목사, 또는 나이로 보나 의젓한 태도로 보나 그 다음쯤 되어 보이는 다른 손님이 자리를 같이했다면, 이 애매하기 짝이 없는 거북살스런 짐을 어깨에서 내려놓을 요량도 아주 없지는 않은 채로 경의를 표하는 뜻으로 서로 밀고 떠받고 한다.

언젠가 종파가 서로 다른 감리교 교회의 두 목사와 함께 차를 마신 일이 있는데, 그날 저녁 나는 처음 만나는 이 두 목사를 서로 소개시키는 일을 하게 되었다. 첫 찻잔이 돌려지기 전에, 두 목사 중 한 신사가 다른 한 분에게 누가 기도를 올리는 것이 좋을까 하고 매우 엄숙하게 물었다. 몇몇 종파에서는 이런 것을 마시기 전에는 간략한 기도를 올리는 것이 습관으로 되어 있는 모양이었다. 처음에 그 성직자 형제는 그의 말뜻을 전혀 알아듣지 못했으나, 설명을 듣고 난 다음에야 그에 못지않게 무게 있는 태도로 자기 교회에는 그런 관습이 없다고 대답했다. 이렇게 정중하게 회피를 하니까, 먼젓번 목사는 예의를 지키느라 그 말에 따랐는지, 또는 교리가 엄하지 못한 교우에게 추종했음인지, 결국 부수적인 절차, 즉 차 마시기 전의 기도를 깨끗이 집어치우고 말았다.

자기가 소속되어 있는 종파의 두 성직자가 제물을 바칠 것인가, 집어치우고 말 것인가 하는 인사말을 서로 양보하고 있는데 그사이에 굶주린 하느님은 이 경의를 못 미더워하며 두 사제 위에 콧구멍을 벌름대며 기다렸지만, (양다리를 걸치고 있었기 때문에) 저녁밥도 얻어먹지 못하고 사라져버렸다는 그런 내용의 그림을 그린 루시

안[13]이 어떤 기분이었는지를 알 만하다.

이러한 경우에 기도가 짧으면 숭앙하는 마음이 부족한 것처럼 느껴지고, 길면 적절하지 못하다는 비난을 면하기 어려울 듯싶다. 나는 기도의 말을 코에 걸면 코걸이, 귀에 걸면 귀걸이 식으로 묘하게 사용하는 익살장이(나의 쾌활한 동창이지만) C. V. L.[14]이 식전의 기도를 부탁받으면, 우선 식탁을 능청스럽게 곁눈질로 쓰윽 훑어보고 나서 "이 자리에 목사님은 안 계신가요?" 하고 묻고는 의미심장하게 "감사합니다, 하느님" 하고 꼬리를 다는 그런 경구적(驚句的) 간결함을 좋다고 인정할 수 없다. 그렇다고 시원치 못한 빵과 치즈만의 저녁상을 대하고 앉아서, 그 보잘것없는 은혜를 종교가 제공하는 가장 엄숙하고 압도적인 엄청난 감사의 인사말과 결부시켜 머리말을 다는, 그런 학교에서나 하는 구식 기도도 매우 마땅치 않게 생각한다. "그러나 그때는 그런 일에 알맞은 시기가 아니었다."[15]

나는 기도할 때 사람들 입에 자주 오르내리는 "쓸모없는 창조물"[16]이란 구절을 계획적으로 저급한 동물적 의미로 표현하여 해석함으로써, 우리들 앞에 차려놓은 음식과 일치하도록 하는 데 당황했던 사실을 기억하고 있다. 마침내 누군가가 전설 이야기 한 토막을 생각해냈는데 그것은 이런 이야기였다. 크라이스츠 학교를 다니던 황금 시절에, 나이 어린 학생들은 야참으로 언제나 연기가 풀풀 나는 불갈비 조각을 뜯고 있었는데, 그러던 차에 어느 믿음이 깊은 독지가가 아이들의 미각보다는 의복이 남루한 것을 가엾게 생각하고, 고기를 옷가지로 바꿔서 — 생각만 해도 몸서리가 쳐지는 일이지만 — 양고기 대신 양복바지를 내놓았던 것이다.

내 친척

나는 지금 양친 중에 어느 한 분이 살아 계시다고 한다면, 그것은 쉽지 않은 일이기 때문에 축복을 받았다고 생각해도 괜찮을 그런 인생 지점에 와 있다. 내게는 그런 행복이 주어지지 않았다. 그래서 때때로 《브라운의 기독교인의 도덕》 가운데 나오는 한 구절을 사무치게 생각하게 된다. 그 구절에서 작자는 이 세상에서 예순 살 혹은 일흔 살을 살아온 사람에 대해 이야기한다. "그만한 세월이 흘렀으면 자기의 아버지를 기억해주는 사람도 있지 않고, 젊은 날의 친구도 거의 찾아볼 수 없을 만큼 오래 살았으니 잊힌다는 것이 어떤 것인가를 피부로 느끼듯 깨닫게 되고, 오래지 않아 '망각'이라는 것이 어떤 얼굴을 하고 자기를 내려다볼 것인가를 눈으로 보듯 알게 된다."

내게는 고모가 한 분 있었는데, 소중하고 착한 분이었다. 다만 정결하게 혼자 살아온 분이기 때문에 세상에 대해 가혹한 면이 있었다. 그분은 늘 입버릇처럼 세상에서 자기가 사랑하는 것은 나 하나밖에 없다고 말하곤 했다. 그러고는 내가 세상을 뜬다고 생각하게 되면 친어머니처럼 눈물을 흘리며 서러워할 거라고 말했다. 나에게만 애정을 쏟겠다는 그러한 배타적 편파심은 내 분별력으로는 조금도 받아들이기 어려웠다.

그분이 아침부터 밤중까지 하는 일은 좋은 책을 숙독하는 일과 하느님께 기도를 드리는 일이었다. 그분이 즐겨 읽던 책은 스텐호프가 번역한 《토마스 아 켐피스》[1]나 〈아침 예배〉〈밤 예배〉가 정식으로 씌어 있는—그런 말을 그때 나는 너무 어려서 알 수가 없었지만—로마 구교의 기도서였다. 그 책들은 가톨릭교적인 색채가 짙다고 하여 날마다 주의를 받았지만, 그분은 굽히지 않고 그것들을 읽었다. 그리고 안식일에는 독실한 신교도답게 교회에 나갔다. 고모는 단지 이 두 권밖에는 공부를 하지 않았다. 그렇지만 한때는 《불행한 청년 귀족의 모험》이라는 책을 읽고 대단히 만족했다고 말해주던 것이 생각난다. 또 어느 날인가 어섹스 가에 있는 교회당 문이 열려 있는 것을 보고—유니테리언 교[2]가 아직 이교로 취급당하던 초창기였지만—거기 들어가보니 설교와 예배 방식이 좋았기 때문에, 그 후 얼마 동안은 때때로 드나들기도 했다. 그분은 교리가 마음에 들어 간 게 아니었다. 교리는 부족할 것이 없었다.

앞서 비친 것처럼 고모는 성격이 좀 까다롭긴 하지만, 확고부동하고 친절한 분으로, 훌륭한 구식 기독교인이었다. 분별력이 강하고, 빈틈없는 부인으로 말을 되받아 넘기는 재치도 보통이 아니었다. 그러나 좀처럼 입을 열어 침묵을 깨는 일이 없었다. 더욱이 그분은 재치 따위를 대단하게 여기지 않았다. 내가 본 일이 있다고 기억되는 고모의 또 한 가지 세속적인 일은 프랑스 강낭콩을 쪼개어 깨끗한 물이 담긴 사기 그릇 속에 떨어뜨려 넣는 것이었다. 그 연한 강낭콩의 냄새는 지금 이 시간까지 나의 감각에 되살아나, 추억을 달래주는 향훈(香薰)을 풍긴다. 사실이지 부엌일 중에 그것이야말로 가장 우아한 일이다.

혹자는 남자 고모라고 부르기도 하는 숙부는 내가 기억하기로는 한 분도 없다. 숙부 쪽에서 본다면 나는 고아로 태어난 거나 다름없다고 하겠다. 내가 아는 바로는 형제나 자매가 하나도 없다. 엘리자베스라는 이름을 붙였던 누이동생 하나는 우리 남매가 어렸을 적에 세상을 떠난 것으로 기억한다. 그 아이를 잃음으로 해서, 얼마만 한 위안과 얼마만큼의 근심걱정을 떠맡게 되었던가!

그러나 나에게는 하트퍼드셔 주 곳곳에 흩어져 사는 사촌들이 있다. 내가 한평생을 지내면서 가장 가까이 대하고, 어느 사촌보다도 특별한 사촌이라고 말할 수 있는 두 사람을 빼고 말이다. 그 두 사촌이란 제임스와 브리짓 엘리아[3]를 두고 하는 말이다. 그들은 나보다 각각 열두 살, 열 살을 더 먹었다. 그리고 그들 중 어느 하나도 충고를 한다든지, 지도해주는 문제에 있어서 윗사람으로서 베푸는 특전을 포기하고 싶어 하지 않았다. 제발 언제까지고 그 마음 변치 않고 지속되기를 빈다. 그리고 그들이 일흔다섯 살, 일흔세 살(나는 그들을 더 일찍 세상을 뜨게 할 수는 없다)이 될 때라도 대액년기(大厄年期)〔63세를 말함〕에 끼어든 나를 끈덕지게 애송이같이 혹은 나이 어린 동생같이 다뤄주기를!

제임스는 설명하기 힘든 사촌이다. 자연이란 그 설계 가운데 조화를 이루고 있어서, 어떠한 비평가도 그 속을 꿰뚫어볼 수 없다. 우리가 설령 느낄 수 있다고 하더라도, 설명할 수는 없다. 요릭[4]의 필력이라면 모를까 그 밖에 어느 누구의 글솜씨를 가지고도 J. E.[5]를 온전하게 그려낼 수는 없다. 빛과 그림자를 모두 잡아내는 샌디[6]식 문체가 아니면 불가능하다. 그렇지만 요릭의 필력과는 정반대 꼴인 내 이 보잘것없는 솜씨로, 운명이 나에게 내린 은총과 재주에 힘입어 서투르나마 찔뚝찔뚝하며 뒤쫓아가지 않으면 안 되겠다.

그런데 J. E.는 적어도 보통 사람들이 보기에는 모순된 요소로 꾸며진 사람처럼 보인다. 충동적인 순진한 아이 같으면서도 냉철하고 신중한 철학자인 내 사촌이 주의로 삼고 있는 냉정함은 그의 도가 높은 다혈질 기질과 변함없이 전쟁을 벌이고 있다. 머릿속에는 언제나 불같이 새로운 계획을 가지고 있으면서도, 혁신에 대해서는 이론이 정연한 반대자이며, 시대와 체험의 시련을 견디어 내지 못한 것은 무엇이고 비난하는 사람이다.

그의 공상 속에는 시시각각으로 백 가지나 되는 기가 막힌 생각들이 꼬리를 물고 달리고 있으면서도 남들이 조금치의 낭만적인 기미만 보여도 기겁하며 놀라곤 한다. 그리고 무슨 일이든지 자기 기분대로 판단을 내리면서도, 남에게는 모든 경우에 상식의 안내를 받으라고 요구한다. 그가 행동하고 말하는 데는 항시 괴팍한 기미가 있으면서 남 보고는 곤란하다든지 이상한 일은 저지르지 말라고 상당히 걱정을 해준다. 언젠가는 내가 밥상을 대하고 앉아서 누구나 다 좋아하는 어떤 음식을 나는 싫어한다고 무심코 입 밖에 냈더니, 하여간 그런 소리는 하는 것이 아니라고 타이른 적이 있었다. 왜냐하면 세상 사람들이 나를 미쳤다고 생각할 것이기 때문이라 했다.

그는 고귀한 예술 작품에 대한 굉장한 애호가인데(정선된 수집품을 모아두기도 했다) 단지 되팔기 위해 사들인다는 핑계로 숨겨 두곤 했다. 그것은 자기의 광적인 수집벽이 남에게 옮겨가지 않도록 하기 위한 것이라고 했다. 만약 그렇다면, 저 사랑스런 전원 풍경의 도메니키노[7] 그림이 어찌해서 아직도 그의 방 벽에 걸려 있는 걸까? 자신의 안목을 과시하는 것이 그 그림보다 더 소중해서일까? 또는 어떤 화상(畵商)이 그 사람만큼 그림 이야기를 할 수 있을까?

일반적으로 인간은 자기의 사색적인 결론을 뒤틀어, 개인적인 기호에 맞추려고 하지만, 이 사촌의 이론은 자기의 기질에 대해 대립되는 방향에 놓여 있는 것이 틀림없다. 그는 본능적인 면에서 볼 때 스웨덴의 찰스[8]같이 용기가 있지만, 원리 원칙으로 보면 길을 나선 퀘이커 신자처럼 자기 몸가짐에 대해서 조심스럽다. 그는 평생을 두고 나에게 설교를 해왔는데, 위대한 사람에게는 머리를 숙여야 한다는 것과, 사람이 세상을 살아가는 데는 형식과 예법이 필요하다는 것이었다. 그러나 내가 아는 바로는 자기 자신은 그 어느 쪽도 목표로 삼고 있지 않았고 저 타타르[9]의 무자비한 폭군 앞에 나서도 머리를 조아리지 않을 정신을 지니고 있었다.

그가 인내에 대해 이야기하고, 그 인내야말로 가장 진정한 지혜라고 격찬하는 소리를 듣는 것과 그의 식사가 준비되고 있는 마지막 7분간의 그의 태도를 보는 것은 기분 좋은 노릇이다. 자연의 여신이 이 성급한 사촌형을 만들어낸 때보다 더 바빠 서둘러서 불안한 제품을 우그려 붙여 만든 적은 없을 것이다. 그리고 인공(人工)

은 우리가 처한 상태가 어떠한 경우이건 간에, 다소곳이 만족하고 있는 것이 제일이라는 그의 좋아하는 화제를 가지고 자신을 뻐겨 보일 때보다 더 능란한 웅변가를 만들어내지는 못했다.

 존 마레 가의 맨 끝에서 비어 있는 역마차를 올라타면, 마차가 인원이 가득 찰 때까지 기다리고 사람에 따라서는 45분이라는 괴로운 시간을 보내야 하지만, 서쪽으로 향해 달려갈 마차 안에서 내 사촌형에게 붙잡히는 날이면 꼼짝 못하고 이 주제에 관해 자신만만하게 설교하는 소리를 들어야 한다. 그는 당신이 안절부절못하는 것을 의아하게 생각하고 "우리가 이렇게 앉아서 이야기하는 것보다 더 좋은 일이 어디 있겠소?"라든지 "나로 말하면 꿈쩍거리는 것보다 이렇게 쉬는 편이 더 좋구려"라고 말한다. 그러는 동안에 그는 줄곧 마부에게 눈길을 돌린다. 그러고는 마침내 듣는 쪽에서 인내심이 바닥나 성을 내게 되면, 이번에는 마부를 향해 약속 시간 이상으로 손님을 기다리게 한다고 어울리지도 않는 항의를 터뜨리고, "당장 출발하지 않았다간, 마차 손님들을 내리게 하겠소"라고 강경하게 선언한다.

 이야기 줄거리를 꾸며내는 궤변을 간파하는 데는 매우 잽싸지만, 사람들의 주의를 기울여 토론에 열중케 하는 데는 능력이 없다. 참으로 그는 논리를 뒤죽박죽으로 해놓지만, 그와는 전혀 다른 논법으로 매우 경탄할 만한 결론에 뛰어오르는 것 같다. 이런 태도와는 충분히 어울리는 일이지만, 어떤 때에는 사람에게 있어서 이성과 같은 기능이 있다는 것을 부정하고, 사람이 어떻게 맨 처음에 그런 이성이 있다고 생각하기에 이르렀는지 의심스럽다고 하고, 자기가 지니고 있는 추리 능력을 총동원하여 자기의 이성에 대한 부정을 역설했다는 소리가 들린다.

그는 웃음을 적대시하는 탁상공론적인 생각을 가지고, 웃는다는 것은 자기에게 부자연스러운 일이라고 단정한다. 그러다가도 다음 순간 뜻밖에도 수탉처럼 허파가 터질 것같이 웃어댄다. 그는 사람들 입이 딱 벌어질 만큼 기가 막힌 재치 있는 소리를 하면서도 자기가 아주 싫어하는 것은 바로 그 기지라고 선언한다. 이튼 학교 학생들이 운동장에서 노는 것을 바라보고 기껏 말한다는 게 "이 영리하고 똑똑한 녀석들이 몇 년 지나면 경솔하기 짝이 없는 국회의원으로 굴러 떨어질 것을 생각하니 유감천만이군!"이라고 한 것도 바로 내 사촌이었다.

그의 젊은 날의 성질은 타오르는 불길 같고 폭풍우 같았는데 나이가 들어도 도무지 침착해지는 징후가 보이지 않았다. 이것이 바로 내가 그에게 감탄하는 점이다. 나는 나이를 먹음에 따라 성질을 거기에 맞춰 나가는 사람들을 싫어한다. 또 어쩔 수 없이 자기 성질을 짓눌러버리는 사람과는 화해하고 지낼 수 없다. J. E.는 죽을 때까지 제 기분대로 살 것이다.

어느 화창한 5월 아침, 내가 매일 나가는 일터가 있는 거리 쪽으로 걸어갈 때 바로 맞은편에서 즐겁고 늠름한 모습으로, 혈색이 좋은 환한 얼굴을 한 채 걸어오는 그를 만나게 되면 나 역시 즐거워진다. 그 눈빛으로 보아 무엇을 사러 나온 것이 분명한데, 클로드[10]나 호비마의 그림일 것 같다. 왜냐하면 탐이 나는 그의 여가의 대부분은 크리스티와 필립스[11]의 경매장에서, 아니면 그 밖에 어디건, 그림이나 값싸고 겉이 번드레한 장식품을 골라 사는 데 보내지는 까닭이다. 이러한 경우 대개 나를 불러 세워놓고, 자기가 꼭 해야 할 일 때문에 시간에 쫓긴다는 점에서는 그보다도 나 같은 사람이 유리하다는 것을 짤막하게 설교하고 나서 자기는 시간이 남아 툭하면 진력이 나서 죽겠고 노는 날이 좀 적었으면 좋겠다고 자신 있는 소리를 한다. 그가 나를 확신시켰다고 찰떡같이 믿고 런던의 서쪽, 즉 펠멜[12]로 노래를 부르며 가버리면 나는 그와 정반대 방향으로 입 꾹 다물고 걸어간다.

이 무관심의 대가가 새로 사온 물건들로 집치장을 번지르르하게 하는 것을 보는 것 역시 재미있는 일이다. 제일 좋은 자리를 정할 때까지 이쯤 거리에다도 놓아보고, 저만큼쯤에다도 놓아보는데, 사방에서 들어오는 광선 속에서 물건을 바라보아야 하겠지만, 어느 때고 당신의 시선의 초점을 그의 초점에 맞추지 않으면 안 된다. 농담원근법(濃淡遠近法)의 효과를 얻기 위해서 손가락 사이로 면밀히 바라봐야겠지만 그 따위 술책을 쓰지 않아도 풍경화는 훨씬 마음에 들어 보인다는 것을 그에게 확신시킬 필요가 있다. 그의 황홀감에 동조하지 않을 뿐만 아니라, 먼저 사들인 그림들 중의 한 폭이 지금 것보다 더 좋다고 엉터리없는 소리를 지껄이는 인간에게 화가 미칠진저! 맨 나중 사들인 것이 언제나 그의 제일 좋은 적중한 물건이며 그 무렵의 애인, 신시아[13]의 것이다.

아아, 내가 아는 것만도 몇 명이나 되는 상냥한 마돈나[14]가 찾아 들었던고. 라파엘로의 그림이라고! 불과 몇 달 동안을 상좌를 차지하고 있다가 그 후에 전면 응접실에서 뒤쪽 복도로, 그 다음에는 컴컴한 거실로 밀려들어가, 어떤 중간쯤의 좌천을 당한 뒤에 위신의 타락을 약간씩 억제하면서도, 계속 그 값어치가 떨어져가지고, 카라치[15] 가의 한 사람 한 사람에게 돌려가며 양자가 되다가는 결국 잡동사니용 헛간에 내동댕이쳐져, 끝장에 가서 루카 조르다노라든지, 그 시시한 카를로 마라타[16]처럼 소박을 맞고 만다! 이런 사실을 바라보았을 때 나는 운명이 주는 행운과 그 무상함을 생각하고, 위대한 인물들의 뒤웅박 처지와 저 비참한 리차드 2세의 황후에 대한 생각에 빠져든다.

화려하게 출발하고,
향기로운 5월처럼 단장하고 오더니만,
만성절이나 동짓날처럼 되돌아가버렸네.[17]

J. E.는 사람들을 퍽 사랑하지만, 그들이 느끼고 행동하는 데 대해서는 별 동정을 보이지 않는다. 그는 자기 혼자의 세계에 살고 있어서, 남의 마음속에서 일어나는 생각은 거의 낌새를 채지 못한다.

그는 절대로 남의 깊이 숨겨진 습관을 파헤치려 들지 않는다. 그는 연극 구경 잘 가기로 평판이 나 있는 친구를 붙들면, 어느 어느 극단(극단 이름 하나를 대면서)의 이만저만한 배우가 아주 대단한 희극 배우라고 말한다. 마치 새로운 소식이라도 되는 듯이!

바로 요전 날에는 내가 굉장한 산책광이라는 것을 알고 있으면서도, 우리 집 바로 근처에서 유쾌한 푸른 산책길을 발견했다고 나에게 광고를 했다. 그런데 그 길은 내가 20년 동안이나 눈이 오나

비가 오나 다니던 바로 그 길이었다.

  그는 또 감상이라는 이름으로 통하는 그런 감정을 가진 무리들을 별로 좋아하지 않는다. 진짜 죄악에 대한 정의도 전적으로 육체적 고통에만 적용하고, 그 밖의 모든 것은 상상에서 나온 것이라고 배척하는데, 산 생명체들이 고통을 받고 있는 것을 본다든지, 혹은 순전한 상상만 해가지고도, 여자들이 애처로워하는 것 이상으로 괴로워했다. 이런 부류의 고통에 대해서 체질적으로 민감하게 느낀다는 것이 그 이유의 일부가 되는지도 모르겠다. 특히 그는 네발 가진 짐승을 각별하게 돌봐준다. 숨을 헐떡인다든지, 박차로 가죽이 벗겨진 말은 영락없이 그의 보호를 받게 된다. 짐을 무겁게 짊어진 당나귀는 애지중지 그의 보살핌을 받는다. 그는 네발짐승들한테 영도자 역할을 하며, 어느 누구도 돌봐주지 않는 그 짐승들의 변함없는 친구가 되어준다. 바닷가재를 물에 넣고 삶는다든가, 뱀장어의 껍질을 산 채로 벗긴다는 것을 생각만 해도 괴로워 몸을 비틀며, "가련하게도 식음을 전폐하고 죽을 지경이다."[18] 그런 일을 보면 몇날 며칠이고 혓바닥이 깔깔해서 먹지도 못하고 잠을 자지도 못한다. 그는 토머스 클라크슨[19]과 같이 뜨거운 정열을 가지고 있었지만, 저 '진정한 시간의 배우자'[20]가 지니고 있던 확고부동한 수행력과 목적의 통일성이 없었기 때문에, 그가 흑인들을 위해 일한 것만큼 짐승들을 위해 목적을 성취하지 못했다.

  그러나 자기 마음을 억제하지 못하는 나의 사촌형은 협동 정신을 요하는 일을 하게끔 되어 있지는 않았다. 그는 기다리지를 못한다. 그의 개선을 위한 계획은 단 하루 만에 완성되어야 한다. 이런 까닭으로 그는 자선회나 인간의 고통을 덜어주는 단체 같은 데서는 존재감이 희미하다. 그의 열성은 부단히 그 밑에서 일하는 조수를 앞지르고, 화를 내게 만든다. 남들은 토론할 것을 생각하고 있는 동안에 그는 구원을 생각한다. 오로지 인도주의에 대한 정열에서 그가 회원들의 의례적인 견해나 느러터진 절차를 무시하고 야단쳤기 때문에 구제회(救濟會)에서는 흑구(黑球)[21]를 던져 그를 제명해버렸다. 나는 언제나 이 특성을 우리 엘리아 가문의 고귀한 전매 특허로 생각할 것이다.

내가 이런 모순덩어리를 두고 쩧고 까부는 것이 하늘 아래 둘도 없는 나의 사촌을 비웃자는 걸까, 아니면 책망하자는 걸까? 천만에, 하늘이, 자랑스런 풍습이, 그리고 한집안에 있어야 할 이해가 그 따위 짓은 허락하지 않는다! 우리 엘리아 집안의 괴짜 중에 말도 못할 괴짜지만 그가 티끌만큼이라도 자기의 타고난 천성대로 살지 않는 것을 바라지 않는다. 또 나는 이 망나니 혈족을 아주 정확하고, 규칙적이고, 모든 면에서 탓할 데 없는 그 어떤 친척하고도 바꾸지 않겠다.

독자 여러분, 다음번에는 아마 나의 사촌누이, 브리짓 이야기를 들려드릴지 모른다. 만약 여러분이 내 사촌 이야기에 아직 물리지 않았다면, 또 혹시 우리가 한두 해 전에 사촌을 더 찾고자 해서 떠났던 여행길에 함께 가시기를 꺼리지 않으신다면, 우리 손에 손을 잡고 나가보지 않으시려는지.

즐거운 하트퍼드셔의 푸른 들판을 걸어서.

하트퍼드셔의 매커리 엔드

브리짓 엘리아[1]는 여러 해 동안 우리 집안 살림을 해오고 있다. 나는 브리짓에게 그 언젯적부터 신세를 지고 있는 형편이다. 한지붕 밑에서 우리 나이 많은 노총각과 노처녀가 안팎 독신자 신세로 살고 있는 것이다. 대체로 내 생활은 상당히 편안해서, 나로서는 독신 생활을 비탄한 나머지, 무모한 왕의 후손과 집을 빠져나와 산으로 도망칠 생각 같은 것을 해본 일이 없다. 우리 두 남매는 취미나 습관이 서로 잘 맞는데 한편 서로 "다른 점도 있다". 우리는 대체로 사이좋게 지내지만 이따금 언쟁을 하기도 한다. 가까운 친척이란 그런 것이다. 우리 서로 간의 알뜰한 정은 말로 나타내기보다는 차라리 말 없는 가운데 전해진다. 한번은 보통 때보다 다정하게 목소리를 꾸몄더니, 사촌 누이가 울음을 터뜨리고, 내 마음이 변했다고 한탄한 일이 있다.

우리 두 사람은 방향은 다르지만 굉장한 책벌레들이다. 내가 옛날 버튼[2]이나 그 시대의 색다른 작가의 어느 대목에 매달려 있을라치면(천 번은 읽었을 것이다), 누이는 으레 오늘날의 새로운 이야기라든가 모험담 같은 것에 마음이 끌려 있다. 그래서 우리가 같이 쓰는 독서용 테이블에는 날마다 줄기차게 새로운 책이 공급된다. 나는 설화(說話) 조의 글은 정나미가 떨어진다. 그리고 사건의 진전 따위에는 별 관심이 없다. 한편 누이는 이야기 줄거리가 있어야 하고 시원찮든, 또는 그냥 그런대로 엮어 나가든 간에 그 속에는 생동하는 생활이 펼쳐져야 하고, 선악의 사건들이 넘쳐나야 한다. 소설 속에서 일어나는 운명의 파동은—거의 실생활 속에서도 그렇지만—나의 흥미를 끌지도 못하고, 민감한 반응을 이끌어내지도 못한다. 색다른 해학이나 의견, 무슨 기발한 흥밋거리를 가지고 있는 머리, 저자의 별스러움 같은 것이 제일 내 기분에 맞다.

나의 사촌은 처음부터 이상하든지 기괴한 것은 어떤 것을 막론하고 싫어하는 성질이다. 그녀가 보기에 이상하다든지, 변칙적이라든지, 혹은 일반 사람들을 공명시킬 수 없는 것은 무엇이고 질색이다. 그녀는 "자연이 훨씬 훌륭하다"[3]는 견해를 가지고 있다.《의사의 종교》[4]에 나오는 아름다운 탈선을 마땅찮아 하는 그녀의 무분별함은 용서해줄 수 있다. 그러나 전세기의 대단히 고귀하고, 깨끗하고, 덕망이 있는, 그러나 어딘가 좀 이상하고, 창의력이 있고, 마음씨가 너그러운 마거릿 뉴캐슬—내가 상당히 좋아하는 이분의 지식에 관해 그녀가 며칠 전에 던진 빗대서 무시하는 식의 말투에 대해선 나에게 사과하지 않으면 안 된다.

자유사상가들—새로운 철학과 그 체계의 주창자인 동시에 학도인 사람들을 자기와 나의 벗으로 삼을 것을 나보다도 누이가 더 바라는 형편이었지만, 누이는 그들의 주장하는 것을 논박하는 법도 없고, 그렇다고 받아들이는 것도 아니었다. 어릴 적 그녀에게 이롭고 존경할 만한 것은 아직도 그녀 마음 가운데 권위를 지탱하고 있다. 그녀는 자신의 이해력을 두고 절대로 술수를 쓰거나 속이지 않는다.

 우리 두 사람은 고집스러운 기질이 있어서, 우리의 논쟁의 결말은 거의 판에 박힌 양상으로 나타난다. 즉 어떤 사실, 날짜, 사건 같은 문제에서는 내가 옳고, 내 사촌이 그른 것으로 돌아간다. 그러나 도덕상의 문제점에서 의견을 달리할 경우, 그런 것은 이런 식으로 처리를 해야 마땅하다든지, 아니면 그대로 내버려둔다든지 등등, 처음부터 강력하게 반대를 했거나, 확고부동한 신념을 가지고 주장했거나에 상관없이, 나는 언제고 끝판에 가서는 그녀의 생각 쪽으로 끌려가고 만다.

 나는 이 가까운 혈육의 약점을 부드러운 손길로 쓰다듬어주지 않으면 안 된다. 왜냐하면 브리짓은 남이 자기의 결점을 말해주는 것을 좋아하지 않기 때문이다. 누이는 여러 사람과 같이 있을 때 책을 읽는 곤란한 버릇이 있다. (더는 험담을 않기로 해야지.) 책을 읽을 때는 상대편에서 묻는 말의 뜻도 알지 못하고 "그래요"라든지 "아니지요"라고 대답을 한다. 이런 것은 사람의 기분을 상하게 할 뿐더러 묻는 사람의 위신을 헌신짝 취급하는 짓이다. 그녀의 침착성은 인생의 가장 절박한 시련을 극복하는 데 도움이 되지만, 때때로 대단찮은 경우에는 마음을 쓰지 않는 기질을 만들어내기도 한다. 묻는 목적이 뚜렷하고 중요한 일일 때는 당당하게 답변을 하지만, 도덕적인 문제와 관계가 없는 일이라면 얼토당토않은 소리를 입 밖에 내는 일이 적잖다.

 누이의 어린 시절의 교육은 별반 공들인 것이 못 된다. 그래서 교양이라는 이름으로 통하는 여성의 일체의 장식이라는 것들을 놓치고 말았는데 그것이 누이에게는 오히려 행복이었다. 우연인지 또는 무슨 목적이 있어서인지, 누이는 별로 가리거나 금지를 당하지 않고 옛날 영국 책들이 가득 쌓인 널찍한 방안에서 어릴 적부터 뒹굴면서, 그 좋고 싱싱한 새로 돋은 목초를 실컷 뜯어먹었다. 내 딸자식이 스무 명이 되더라도, 꼭 이런 식으로 키울 테다. 딸년들의 혼인할 기회를 그것으로 인해서 놓쳐버리게 될지 어떨지 그건 모르겠으나 그것은 (일이 가장 안 풀리게 된다면) 하늘 아래 제일가는 노처녀로 만들어놓을 것이라는 점은 장담할 수 있다.

걱정 근심이 있을 때면, 누이는 둘도 없는 진정한 위안자가 되어준다. 그러나 성가신 사건이나 대단찮은 곤란한 일에는, 그녀가 문제를 해결하겠다고 나설 필요가 없는데도, 때때로 지나치게 간섭을 함으로써 사태를 엉망으로 만들어놓는다. 누이는 한결같이 어려운 일을 덜어주지는 못한다 하더라도, 생활이 즐거울 때는 반드시 그 즐거움을 세 곱으로 불려준다. 그녀는 같이 구경을 간다거나, 남의 집을 방문할 때는 훌륭한 동반자가 되어준다. 게다가 함께 여행을 떠나게 되면 최고의 동행자가 된다.

우리는 몇 해 전 여름에 하트퍼드셔 지방으로 함께 여행을 갔는데, 저 아름다운 곡창 지대에 사는 우리가 잘 알지 못하는 친척집 몇 군데를 기습하기 위해서였다.

내가 기억하고 있는 제일 오래된 지명은 매커리 엔드지만, 하트퍼드셔의 옛 지도에는 매커럴 엔드라고 적혀 있는데 아마 이것이 옳을 것으로 여겨진다. 그 농가는 위덤스테드로부터 걸어가기 알맞은 거리에 쾌적하게 자리잡고 있었다. 내가 어렸을 적에, 앞에서 말한 대로 나보다 한 열 살쯤 위인 브리짓 누나를 따라—나는 사촌누이와 나의 남아 있는 생존 기간을 한덩어리로 뭉쳐 다시 똑같이 나누어 살고 싶지만 될 수 없는 일임은 알고 있다—대고모를 보러 그곳에 갔었던 것을 잊지 않고 있다.

당시 그 집은 나의 조모의 여동생하고 결혼한 돈푼깨나 있는 향사(鄕士)의 소유였다. 그의 이름은 글래드먼이었다. 브루턴 집안 출신인 나의 조모는 필드 가의 사람과 결혼했는데, 글래드먼과 브루턴은 아직도 그 지방에서 행세를 하고 있지만, 필드는 거의 몰락해 버리다시피 했다. 내가 처음으로 찾아간 지도 벌써 40년이 넘는 세월이 흘렀으며, 그동안 우리는 그 두 집과도 거의 오고가는 일이 없었기 때문이다. 누가, 도대체 어떤 부류의 사람들이 매커리 엔드 집안의 재산을 상속받았는지, 친척인지 또는 얼토당토않은 사람들인지 거의 추측도 할 수 없었지만 앞으로 언젠가는 알아봐야 하겠다고 결심한 바가 있었다.

세인트올번스 사원부터 시작해서 루턴에 있는 훌륭한 공원을 거쳐 길을 좀 돌아가다 보니 정오쯤, 우리가 몹시 궁금해하던 지점에 다다르게 되었다. 바로 그 옛날 농가의 광경을 보자, 비록 그 가기 가지 흔적은 내 머릿속에서 지워져버렸을지언정 오랜 세월 동안 잃어버렸던 기쁨이 나의 마음을 감동시켰다. 왜냐하면 '나 자신'은 그것을 잃어버렸지만, '우리'가 그곳에 함께 갔었던 일은 잊어버릴 수 없었기 때문이다. 그리고 '우리'는, 나의 기억이 그 환상으로 놀림감이 될 만큼, 그 장구한 나날을 매커리 엔드에 관해서 같이 이야기를 해왔고, 그래서 나는 그곳의 모습을 알고 있다고 생각했다. 그러나 실제로 발을 들여놓고 보니, 수없이 머릿속에 그려보았던 그 모습하고 이렇게 딴판일 줄이야!

향기로운 공기는 아직도 그 주위를 감돌고, 때는 "한창 번성하는 유월"[5] 그러니 시인과 더불어 한 수 읊을 수밖에…….

사랑하는 상상의 눈에는
그렇게도 아름답게 보이던 그대가,
한낮의 빛 속에서
그 정교한 만물과 겨루다니![6]

브리짓의 기쁨은 나처럼 꿈같은 것이 아니고 두 눈으로 환히 보는 그런 것이었다. 왜냐하면 누이는 힘들이지 않고 옛날에 알았던 것들을 생각해내기 때문이다. 물론 몇 가지는 모습이 변했기 때문에 조금은 불평을 했다. 누이는 처음에는 정말로 좋아서 믿으려 하지 않았다. 그러나 금방 그곳 정경이 다시 그녀의 애정 속으로 파고들어와 나이 오십이나 먹은 여자로서는 품위는 좀 부족하되 너그럽게 봐줄 수 있는 그런 태도로 숨 돌릴 사이도 없이 조급하게 알아보느라고 그 옛날 저택의 문전 여기저기를, 땔나무 헛간을, 과수원을, 비둘기 집이 있던(집도 새도 모두 날아가버리고 말았지만) 장소를 구석구석 돌아다녔다. 그러나 브리짓은 사정에 따라서는 실제 나이보다 젊어질 수 있는 사람이다.

이제 남은 일은 오직 한 가지, 집안으로 들어가는 일이었는데,

나로서는 혼자서 문지방을 넘는다는 것이 쉽지 않았다. 왜냐하면 나는 끔찍하게 부끄럼을 타서, 낯모르는 사람이나 내왕이 없던 친척들하고는 사귈 줄을 모르기 때문이다. 나의 사촌 누이는 이런 머뭇거림보다는 강한 애정 때문에, 나를 그냥 두고 날개 돋친 듯 집안으로 달려 들어갔다. 그러더니 그녀는 환영의 상(像)을 만들려고 조각가 앞에 앉혀놓으면 꼭 알맞을 것 같은 그런 인물을 하나 데리고 금방 되돌아 나왔다. 그가 글래드먼 가의 최고 연소자로, 브루턴 집안사람과 결혼을 하여 이 옛날 저택의 여주인이 된 사람이다.

　브루턴 집안사람들은 인물로 말하자면 남에게 빠지지 않는다. 여자는 여섯 사람인데, 그 지방에서는 제일 아름다운 젊은 부인들로 이름이 나 있다. 그러나 이 브루턴 집안에 간택받은 부인은, 내 생각에, 나머지 사람들보다 훌륭할뿐더러 훨씬 아름다웠다. 그녀는 나를 기억하기에는 나이가 너무 젊었다. 그녀는 언젠가 어렸을 적에 브리짓이 나무 울타리 위에 기어 올라가 있는 자기에게 사촌이 있음을 가르쳐준 것을 겨우 기억하고 있을 뿐이었다. 그러나 친척이며 사촌 관계라는 것만으로도 이미 넉넉하다. 그와 같은 가냘픈 실마리는 수도(首都)의 살풍경한 분위기 속에서는 거미줄같이 약한 것이겠지만, 따뜻하고, 한집안 같고, 사랑스런 하트퍼드셔에서는, 지금 알게 된 것처럼, 우리를 굳게 묶어준다. 한 5분 있으려니까 우리는 같이 태어나서 같이 자란 것처럼 아주 잘 알게 되어 세례명으로 서로를 부를 만큼 친해졌다. 기독교 신자라면 마땅히 서로를 그렇게 불러야 한다.

　브리짓과 그 부인을 보고 있자니 성경에 나오는 두 사촌 자매[7]의

만남이 떠올랐다. 이 농가의 부인에게는 왕궁을 환하게 밝히기에도 부족함이 없을, 그녀 마음에 걸맞은 우아함과 위엄이 풍성한 예절과 고매한 성품과 더불어 엿보였다. 적어도 우리가 보기에는 그러했다. 우리는 이 부부 두 사람에게 똑같이 환영을 받았고 거기 같이 갔던 우리 친구도 같이 환영을 받았다. 나는 그 친구를 거의 잊어버리고 있었다. 그러나 나의 친구 B. F.[8]는 그 모임을 쉽사리 잊어버리지는 않을 것이다. 만약 캥거루가 쏘다니는 멀고 먼 바닷가[9]에서 혹시 이 글을 읽게 된다면 말이다.

  굉장한 잔칫상이 마련되었다. 아니 우리가 찾아올 것을 미리 알고 있었던 것처럼 벌써 준비해놓았다. 그 고장 포도주를 알맞게 마신 뒤에, 이 마음씨 후한 사촌은 얼마나 자랑스러운지 그 기분을 감추지 못하고 우리를 위덤스테드로 안내하여(마치 새로 찾아낸 귀한 물건인 양) 글래드먼 가의 모친과 언니에게 소개시켰다. 그런데 이분들은 우리를 소개시켜준 사촌보다도 우리를 더욱 잘 알고 있었다. 우리는 거기서도 역시 사촌에게 받은 것 못지않은 대우를 받았다. 이때 브리짓의 기억력은 놀랍게 되살아나 반쯤 기억 속에서 사라져버렸던 헤아릴 수 없는 일들과 사람들을 추억 속에 떠올려서, 나만이 아니라 그녀 자신까지도 깜짝 놀라고 말았다. 또 거기에 앉아 있던, 유일하게 친척 관계가 아니었던 B. F.까지도 놀라고 말았다. 마치 레몬즙으로 쓴 글자가 훈훈한 불을 쬐면 그 모습을 드러내듯이, 반 이상 잊혔다기보다는 벌써 오래전에 지워진 이름과 사건의 영상들이 그녀의 머릿속에 되살아나 와글댔다.

  내가 이 모든 것을 잊는 날이 오면 시골에 있는 사촌들도 모두 나를 잊고 말 것이다. 그리고 그때 가서는 브리짓 누이도, 내가 병약한 어린 시절에 그녀가 따뜻이 돌보아주었던 것을, 또 못난 어른이 된 지금도 역시 그녀의 손길로 내가 살아가고 있다는 것을, 그리고 그 옛날 하트퍼드셔의 매커리 엔드에서 아름다운 전원을 산책하던 그런 일까지 더는 기억하지 못할 것이다.

꿈속의 아이들―백일몽

　아이들이란 어른들의 어렸을 적 이야기를 듣고 싶어 하는 법이다. 그들은 상상력을 발휘해서 한번도 보지 못한 그 옛날의 종조부(從祖父)나 할머니가 어떤 분이었는지 알고 싶어 한다. 요전 날 저녁, 나의 어린것들이 그들의 증조모뻘인 필드 할머니에 대해 이야기를 듣고자 내 앞에 모여든 까닭도 거기서 비롯되었다.
　그 할머니는 노퍽에 있는 굉장한 집에(아이들과 아빠가 살고 있는 이 집보다 백 배는 더 큰) 살고 있었다. 그 집은 요즈음 아이들한테 '숲속의 아이들'이라는 민요 때문에 잘 알려진 그 슬픈 일들이 벌어졌던―적어도 그 지방에서는 보통 그렇게 믿고 있다―바로 그 현장이었다. 숲속의 어린이들과 그들의 잔인한 백부에 대한 이야기가 '빨간 가슴을 한 울새'[1]가 나오는 대목까지 몽땅 이 큰 집의 실내 벽난로 위에 있는 판목(版木)에 환히 새겨져 있는 것을 볼 수 있었다는 건 사실이다. 결국 나중에 와서 돈만 있고 머리가 모자라는 집주인이라는 사람이 그것을 뜯어내고 그 대신 신식이랍시고 아무 이야기도 없는 대리석판을 붙여놓았다.
　이 대목에서 앨리스는 너무 마음이 고와 남을 비난할 줄 모르던 어머니²가 짓던 표정을 지어 보였다. 나는 이어서 필드 증조할머니가 매우 믿음이 깊고 마음이 착했으며, 비록 그분이 사실상 그 큰 저택의 주인이 아니라 단지 집주인의 부탁으로 그 집을 관리하는데 불과했지만(그러나 어떤 면에서는 할머니가 그 집의 안주인이라고 해도 무방하겠지만), 사람들이 얼마나 그분을 사랑했고 존경했는지 모른다고 말해주었다.

또 그 집 주인은 인접 군내(郡內) 어디엔가 더욱 새롭고 한층 현대식인 저택을 사가지고 거기서 즐겨 머물렀기 때문에 증조할머니는 그 집을 당신 집처럼 아끼고 돌보며 살았으며, 살아 있는 동안은 어느 정도 그 큰 집의 위엄을 잘 지켜나갔는데 그 후에는 그 집도 낡을 대로 낡아 거의 무너져버렸으며, 그전부터 있었던 장식품들은 잡아떼어서 새로 산 집주인의 저택으로 실어다 붙여놓았지만, 꼭 최근까지 웨스트민스터 사원에 있던 옛날 묘석을 누군가가 훔쳐내다 C부인의 기고만장한 금박을 입힌 거실에다 세워놓은 것만큼이나 꼴사나운 노릇이라는 이야기도 들려주었다. 이 말에 존은 '그건 정말 바보 같은 짓이야!'라고 말하기라도 하듯 웃었다.

그 다음에 나는 증조할머니가 돌아가셨을 적 일을 이야기했다. 그분의 장례식은 인근 몇십 리 안팎에 사는 모든 가난한 사람들하고, 몇몇 내로라하는 사람들이 명복을 빌려고 찾아와 인산인해를 이루었다. 그 까닭은 증조할머니는 정말 선량하고 또 얼마나 신앙심이 두터웠는지 거짓말 안 보태고 〈시편(詩篇)〉을 모두 다, 그리고 그 밖에도 성서의 대부분을 암기하고 있을 정도였기 때문이다.

이 대목에서 어린 앨리스가 놀랍다는 듯이 두 손을 폈다. 그리고 나서 나는 필드 증조할머니가 옛날에 얼마나 키가 늘씬했으며, 언제나 몸을 똑바로 우아하게 펴고 있었는지를 말해주고, 그녀가 젊었을 때는 그 군내에서 둘째가라면 서러워할 춤의 명수였지만—이쯤에서 앨리스의 앙증스런 오른발이 무의식중에 춤추듯 움직였다. 그러나 내가 엄격한 얼굴을 하자 그 동작은 그치고 말았다—암이라고 하는 고약한 병에 걸려, 앓느라고 몸이 휘어지고 말았다는 이야기를 들려주었다. 그러나 그러한 병도 할머니의 고귀한 정신만은 꺾을 수도, 구부러뜨릴 수도 없었다. 그것은 모두 마음이 착하고 믿음이 깊은 덕이었다.

다음에 나는 할머니가 그 크고 적막한 집 휑뎅그렁한 방 안에서 늘 혼자 잤으며, 자던 방 가까이 있는 층계에서 한밤중에 두 아기의 혼령이 미끄럼 지치듯 오르락내리락하는 것을 보고서도, "저 죄 없이 죽은 천진한 것들이 뭐 해치기야 하겠냐"고 말하던 일과 또 그 당시 나는 식모와 함께 한방에서 잤지만, 내 마음이나 믿음이 그녀의 반절만도 못했던 까닭에 얼마나 밤마다 무서워 떨었던가 하는 것을, 그것도 아기들 혼령을 본 일도 없었는데 그랬다는 이야기를 들려주었다. 이 대목에 이르자 존 녀석은 눈썹을 치켜세우며 자기는 겁나지 않는다는 표정을 했다.

다음에 나는 할머니가 축제날이 오면 손자들을 모두 그 큰 집으로 부른 뒤에 얼마나 우리를 기분 좋게 해주었나 하는 것을 이야기했다. 특히 나는 몇 시간이고 거기 혼자 있으면서, 로마의 황제였던 열두 사람의 고색창연한 흉상들을 응시했는데, 나중엔 그 오래된 대리석 머리들이 다시 살아나는 것 같았고, 혹은 나 자신이 그 흉상들과 함께 대리석으로 변해버리는 것만 같았던 기분을 이야기해주었다. 또 나는 그 넓디넓은 텅텅 빈 방들 하고, 다 낡아빠진 커튼하고, 바람에 펄렁대는 융단 벽걸이하고, 금박을 입혔지만 이제는 거의 다 벗겨져버린 조각된 참나무 사진들이 걸려 있는 그 굉장한 저택을 때때로 그 광활한 구식 정원까지 이리저리 지칠 줄 모르고 돌아다녔다는 이야기를 들려주었다.

그 정원은 이따금 마주치는 혼자 일하는 정원사밖에 없어서 거의 나 혼자 차지하고 있는 셈이었다. 또 승도복숭아와 보통 복숭아가 담장 위에 열려 있었는데 따먹어선 안 되는 것으로 되어 있어, 간혹 예외도 있긴 했지만, 그것을 따먹으려 하지 않았던 일, 그리고 음울한 자태를 띠고 서 있는 해묵은 주목(朱木)나무와 전나무들 사이를 거닐면서, 관상용 외에는 아무 쓸모도 없는 빨간 씨앗이나 전나무 열매를 줍는 일이나 또는 정원에서 향긋한 냄새를 맡으며 신선한 잔디 위에 눕는 일, 아니면 은혜로운 따사함 속에서 감귤과 함께 햇볕을 쪼인다든지, 혹은 정원 나직한 데 마련된 양어(養魚) 연못 속을 이리저리 휙휙 헤엄쳐 다니는 황어들과 또 황어들이 뛰노는 게 가소롭기라도 하다는 듯 몹시 화가 나서 잔잔한 연못물을 가운데로 헤치고 나가는 창꼬치고기들을 바라보는 일 따위가 더욱 즐거웠던 까닭하며 보통 복숭아나, 승도복숭아나, 감귤이나, 그 밖에 아이들의 구미를 당기는 그런 과일보다는 이렇게 바쁜 것 같으면서도 게으름을 피울 수 있는 취미를 훨씬 더 즐겼다는 이야기를 들려주었다.

이때 존은 감춰두었던 포도 한 송이를 몰래 쟁반 위에 도로 놓았다. 그러나 실은 앨리스에게 들켰기 때문에, 앨리스하고 나눠 먹을 꿍꿍이를 하고 있었지만, 지금으로선 마땅치 못하다고 판단을 하고 두 남매는 포기하려는 것 같았다.

그 다음 나는 좀 목소리를 높여가지고, 필드 증조할머니가 손자, 손녀들을 모두 끔찍하게 사랑하고 있었지만, 유별나게도 아이들의 백부인 존 L———[3]을 사랑했다는 이야기를 했다. 그 까닭은 백부가 아주 미남에다가 기백 있는 청년으로, 우리 동생들에게는 왕이나 다름없었기 때문이었다.

그는 우리들처럼 외진 구석에서 울적한 꼴을 하고 있는 것이 아니라, 동생들만 한 개구쟁이 시절에 이미 자기 능력이 허용하는 한도 내에서는 제일 기운찬 말을 잡아타고 아침나절에 그 군(郡) 일대 반 이상을 돌아다녔으며, 행여 사냥꾼들을 만나게 되면 그들과 어울렸다. 그는 그 굉장한 옛집과 정원 역시 좋아했지만 너무나 혈기왕성해서 그 집 울 안에만 있을 수는 없었다. 게다가 백부는 미남일 뿐만 아니라 용맹스런 어른으로 성장하여, 모든 사람들한테 칭찬을 받았지만, 특히 필드 증조할머니한테는 말로 다 형언할 수 없을 만큼 칭찬을 받았다.

그리고 내가 발을 절던 어릴 적에 그는 나보다 상당히 나이가 위였긴 했지만 내가 아파서 걷지를 못하니까 몇십 리를 등에 업고 데려다주었다. 그리고 그 후에 그도 발을 절게 되었는데, 그가 아파서 쩔쩔매고 있을 적에, 내가 절름거릴 때 그가 나에 대해 그처럼 걱정해주었는데도 나는 (미안하게도) 별로 걱정도 못해주었다. 그리고 그가 세상을 떠났을 때는 죽은 지 채 한 시간도 안 되어, 아주 오래

전에 죽은 것같이 여겨졌다. 아마 삶과 죽음 사이에 놓여 있는 거리란 이런 건가 보다.

그렇게 처음에는 그의 죽음을 잘 참아냈다고 생각했지만, 시간이 지남에 따라 그의 죽음이 자꾸만 내 마음속을 맴돌았다. 또 다른 사람들처럼, 혹은 내가 죽었을 경우 그가 그랬을 것처럼 통곡도 하지 않았고 마음에 사무치게 서러워하지도 않았지만, 종일토록 그를 잊어버릴 수가 없었고, 그런 일이 있고 나서야 내가 그를 얼마나 절절히 사랑했던가를 알게 되었다. 나는 그의 친절이 그리웠고, 그의 짓궂던 장난도 없어지고 보니 서운했다. 그를 이제 다시는 만나지 못한다고 생각하니, 그와 쌈박질을 하더라도(우리는 때때로 싸움질을 했기 때문에) 그가 다시 살아와주기를 얼마나 바랐는지 몰랐다. 마치 의사가 그의 다리를 잘라내야 했을 때 그가 불안해 못 견디던 것처럼 그가 없는 세상에서 나 역시 마음의 갈피를 잡을 수가 없었다.

이 이야기를 듣자 아이들은 불쌍한 큰아버지를 떠올리며 울음을 터뜨렸고, 저희들이 달고 있는 조그만 상장(喪章)이 큰아버지 존을 위해 단 것이 아니냐고 묻고는, 나를 쳐다보면서 이제 큰아버지 이야기는 제발 그만둬달라고 요청했다. 그러고는 돌아가신 아름다운 어머니에 관한 이야기를 해달라고 졸랐다. 그래서 나는 7년이라는 긴 세월을 두고, 어떤 때는 마음이 부풀어서, 또 어떤 때는 실의에 빠져가지고, 그러나 끈질기게 아름다운 앨리스 W———n^{4}에게 구애하던 이야기를 해주었다. 다만 아이들이 알아들을 수 있도록 처녀에게 있어서 수줍음이나, 달다 쓰다 말없는 초연한 태도나, 거절이라는 것이 무엇을 뜻하는지를 설명해주었다.

그때 별안간 앨리스 쪽으로 얼굴을 돌리니까, 어머니 앨리스의 혼령이 딸의 두 눈에 재현이나 되듯 여실히 비쳐 나와, 두 모녀 중 어느 쪽이 내 앞에 서 있는지, 혹은 저 빛나는 머리칼이 누구의 것인지 알아볼 수 없게 되었다. 그런데 내가 지긋이 바라다보고 있는 사이에, 두 아이들은 자꾸만 뒷걸음질쳐 나가 점점 내 시야에서 희미해지고, 마침내는 아무것도 보이지 않더니, 저 아득히 떨어진 곳에 두 사람의 슬픔에 잠긴 모습만이 보였다. 그 형상들은 말은 없지만 이상하게도 이런 소리를 하고 있는 것 같았다. "우리들은 앨리스의 아이들도, 당신의 아이들도 아니에요. 우리는 사실은 아이들이 아니에요. 앨리스의 아이들은 바트럼[5]을 아버지라고 부른답니다. 우리들은 아무것도 아니에요. 아무것도 아닌 것만도 못한 꿈에 지나지 않아요. 그저 있을 것 같기도 한 그런 존재지요. 우리가 세상에 태어나서 이름을 갖자면 몇백 만 년이라는 기나긴 세월을 망각의 강[6] 물가에서 초조하게 기다려야 한답니다."

그러고 나서 금방 정신이 들자, 나는 독신자의 안락의자에 얌전히 몸을 기대고 깜빡 잠들었던 것을 깨닫게 되었다. 그런데 내 곁에는 언제나 변함없이 충실한 브리짓[7]이 있었다. 그러나 존 L.(즉 제임스 엘리아)은 영영 가고 없었다.

돼지구이를 논함

나의 친구 M[1]이 친절하게도 읽고 해설해준 중국의 사본에 따를 것 같으면 인류가 최초의 7만 년 동안 산 짐승의 날고기를 손톱으로 쥐어뜯거나 이로 물어뜯어서 먹었다고 하는데, 오늘날 아비시니아에서 날고기를 먹는 것과 똑같았다는 것이다. 이 시기의 일은 위대한 공자가 우주의 원리를 다룬 《주역》 제2장에서 명백히 말한 대로다. 거기서는 일종의 황금시대라는 것을 '초황(cho-fang)'이라는 말로 나타냈는데, 그것은 문자대로 한다면 요리인의 휴일이란 뜻이다. 그 사본을 계속 따라가보면 굽는 기술, 또는 그슬리는 기술이 나오는데 그것은(나는 그슬리는 게 형님으로 생각되지만) 다음과 같은 방법으로 우연히 알게 되었다.

어느 날 아침 돼지치기 호티란 사람이 여느 때와 마찬가지로 돼지에게 먹일 도토리를 주워오려고 숲속으로 가면서 오막살이집은 큰아들인 보보에게 지키라고 했는데, 그 녀석이 아주 칠뜨기여서 고 또래의 아이 녀석들이 좋아하는 불장난을 하다 불똥을 짚단에 튀게 하는 바람에 순식간에 불이 확 퍼져, 그 알량한 오두막집을 홀딱 태워먹으니, 결국 몇 줌 안 되는 재만 남게 되었다. 그 오두막(건물이라고는 하지만 노아의 홍수 이전의 한심스런 임시 움막쯤이라고나 생각하는 것이 좋겠다)과 운명을 같이해서, 집보다 더 중요한 것, 즉 갓 낳은 한 배의 예쁜 새끼 돼지 아홉 마리도 모두 요절하고 말았다.

돼지는 우리가 책에서 읽은 바에 의하면 까마득한 옛날부터 동양 어디에서나 귀중품으로 소중히 여겨왔다. 짐작할 수 있을 테지만, 보보 녀석은 하늘이 노랗게 보일 정도로 놀라 어찌할 바를 몰랐으나, 그것은 집을 태워먹었기 때문이 아니었다. 그까짓 집이야 마른 나뭇가지 몇 개로 아버지하고 한 두어 시간 꿈적꿈적하면 누워서 식은 죽 먹기로 어느 때고 지을 수 있는 것이었으나, 문제는 돼지를 망쳐놓은 것이었다.

아버지한테 뭐라고 변명을 할까 생각하며, 그 비명횡사한 새끼 돼지의 연기가 피어오르는 잔해를 내려다보고 손을 마주 비비는데, 무슨 냄새가 콧구멍을 찔렀다. 그러나 그 냄새는 아직 한번도 맡아본 일이 없는 그런 냄새였다. 어디서 나오는 냄새일까? 타버린 오막살이에서 나오는 것은 아니고—그 냄새는 전에 맡아본 일이 있으니까—사실 이것은 그 재수가 나쁜 어린 방화범이 부주의해서 일으킨 사고 중의 제일 첫 사고는 아니었다. 그 냄새는 이미 알고 있는 나물이나 잡초나, 꽃향기하고는 같은 데가 조금도 없었다. 동시에 무언가를 미리 알려주는 군침이 그의 아랫입술을 흥건히 적셨다.

녀석은 어떻게 생각해야 할지 알 수가 없었다. 다음에 돼지한테 무슨 생명의 기운이 있나 싶어, 몸을 굽히고 만져보았다. 그런데 녀석은 손가락을 데어 그 덴 손가락을 식힐 양으로 밥통마냥 그것을 입으로 가져갔다. 불에 그슬린 가죽 조각이 조금 손가락에 묻어 있었던 탓에 보보는 난생 처음(아마 이 세상 최초로, 왜냐하면 그 녀석 전에는 아무도 고 맛을 몰랐을 테니까) 그 맛을 보게 되었다. 그 바삭바삭하는 돼지 가죽 맛을! 또다시 녀석은 돼지를 만지고 주물럭거렸다. 이번에는 뭐 별로 데지도 않았는데, 일종의 버릇처럼 손가락을 핥아댔다. 마침내 그 느려터진 둔한 골통이 진상을 깨달았다. 그렇게 냄새를 풍긴 것이 다름 아닌 돼지였다는 것과 그렇게 맛이 좋았던 것도 돼지라는 것을 알게 되었다.

이 처음 만난 재미에 정신이 팔린 녀석은 불에 탄 가죽과 거기 붙은 살점을 한줌 두둑이 찢어내어, 짐승이 먹는 식으로 목구멍에다 잔뜩 우겨 넣었다. 바로 이때 녀석의 아버지가 혼을 내주려고 몽둥이를 거머잡고 연기 나는 서까래 사이로 들이닥쳐, 일이 이쯤 돼 돌아가는 것을 발견하고, 피도 안 마른 망나니 녀석 어깨에다가 몽둥이찜질을 시작했다.

그렇지만 보보 녀석은 이런 지독한 몽둥이 세례를 파리가 기어다니는 정도로 무시해버렸다. 녀석이 아랫배 있는 데서 맛보는 간질간질한 쾌감은, 제 몸뚱이 먼 구석에서 느껴지는 불편 정도는 전혀 무감각하게 해놓았다. 아버지는 계속해서 두들겨 팼지만, 아무리 때려도 녀석이 깨끗이 먹어치울 때까지는 돼지한테서 떨어져나가게 할 수 없었다. 이윽고 녀석이 제 처지를 어느 정도 알아차리게 되어서야 다음과 같은 대화가 오고가게 되었다.

"이 버르장머리 없는 자식아, 대체 무엇을 해 처먹는 게냐? 개망나니 버릇을 못 버리고 집을 석 채씩이나 불살라먹고도 모자라냐?

이 벼락을 맞을 놈! 네놈이 불을 처먹고 있는 게 아니냐? 나 참 알다가도 모르겠다! 거기서 처먹는 게 뭐냔 말이다!"

"아이고, 아버지, 돼지예유, 돼지! 와서 불탄 돼지 맛이 얼마나 좋은지 맛이나 좀 보시라니까유."

호티의 양쪽 귀는 공포로 웽웽 울렸다. 그는 아들을 저주하고, 불에 탄 돼지를 먹는 자식을 낳은 자신을 또한 저주했다.

아침부터 놀랍게도 후각이 날카로워진 보보는 금방 또 한 마리의 돼지를 끌어 잡아당겨서, 완전히 두 동강 나게 찢더니, 작은 쪽 반을 강제로 호티의 손아귀에다 밀어 넣으면서, 여전히 외쳤다. "잡숴봐유, 잡숴봐. 아버지 불탄 돼지를 잡숴봐유. 맛만 보시라니까요. 아이 참!" 이렇게 야만인처럼 소리를 지르면서 숨이 막힐 것 같은데도 줄곧 쑤셔 넣었다.

호티가 이 망측스런 물건을 움켜잡고 있으려니까 뼈마디라는 뼈마디는 죄다 왈각거리는 것 같았다. 아무리 제 자식이지만 이 해괴한 어린 괴물을 죽여버려야 하지 않을까 망설이고 있는 동안에, 아들 녀석과 똑같은 연유로 불탄 돼지 가죽에 그슬린 손가락을 입에 갖다 댐으로써 이번에는 아버지가 그 맛을 보게 되었다. 아버지가 아무리 입을 버려놨다는 표정을 만들어 지으려고 해도, 그 맛이 아주 싫은 것이 아님을 부정할 수는 없었다. 결국에 가서는(사본에는 이 대목을 지루하게 늘어놓았지만) 두 부자가 정식으로 한 상 차리고 앉아, 남은 찌꺼기까지 싹 먹어치우고 난 다음에야 일어났다.

보보는 이 비밀을 절대로 입 밖에 내서는 안 된다고 단단히 명령을 받았다. 왜냐하면 하느님이 내려주신 맛좋은 고기보다 더 맛있게 먹을 생각을 할 수 있었던, 이 못된 놈들을 이웃 사람들이 돌로 쳐죽이려 할 것이 틀림없기 때문이었다. 그럼에도 이상한 이야기가 떠돌았다. 호티의 오두막집이 그전보다 뻔질나게 불이 난다는 사실이 알려진 것이다. 이때부터는 온통 화재였다. 어떤 때는 대낮에 나고, 또 어떤 때는 밤중에 났다. 암퇘지가 새끼를 낳기가 무섭게 호티의 집은 화염에 싸였다. 그리고 더욱 명백해진 사실은 호티가 아들을 매질하는 대신, 전보다 훨씬 더 멋대로 하게 내버려둔다는 점이었다.

결국 두 부자는 감시를 받게 되고, 그 무서운 비밀이 발각되어서, 그때만 해도 하찮은 규모의 도읍이던 베이징으로 재판을 받기 위해 소환되었다. 증거가 제시되고, 그 눈총을 받는 고기 자체도 법정에 제출되어 판결이 막 내려지려고 하는데, 바로 그때에 수석배심원이 범인이 고발당하게 만든 바로 그 불에 탄 돼지고기를 조금 배심원석에 건네줄 것을 요청했다. 수석배심원들도 그것을 만져보고, 그 밖의 다른 배심원들도 모두 그것을 만져보았다. 그런데 보보와 그 아비가 전번에 당했던 것처럼 모두 손가락을 데었고, 그들 각자는 자연히 보보 부자와 똑같은 요법을 취하게 되었으며, 그 결과 모든 사실이 뚜렷하고 판사가 내린 명백한 죄과가 있음에도—전(全) 법정, 장안 사람들, 외국 사람들, 통신원들, 그리고 나와 있던 모든 사람들이 놀라 자빠지게도—배심원 자리를 뜨지 않고, 아무런 의논 한마디도 없이 일제히 무죄 판결을 내리고 말았다.

원체 눈치가 빠른 판사는 그 명백한 불법적인 결정을 모른 체 눈감아주었다. 그리고 법정이 해산하자 남몰래 모든 수단을 동원해가지고 구할 수 있는 돼지를 모조리 사버렸다. 2, 3일 지나니까 각하의 시중 저택이 불타는 것을 볼 수 있었다. 그 소문은 날개 돋친 듯 퍼져나갔고, 사방천지가 불길밖에는 아무것도 보이지 않았다. 연료와 돼지는 그 지역 어느 곳에서나 굉장히 값이 올랐다. 보험회사는 하나 둘 모두 문을 닫고 말았다. 사람들은 날이 갈수록 집을 점점 허술하게 지었기 때문에 머지않아 집짓는 기술이 세상에서 자취를 감추고 말 것이라는 두려움이 일었다.

이렇게 해서 집을 태워먹는 관습이 계속되었고, 결국 세월이 흐름에 따라, 나의 사본에 씌어 있는 것에 따르면 우리나라의 로크(Locke)와 같은 현자가 나와서, 돼지고기든 그 어떤 짐승 고기든 그걸 요리해 먹고자 집 한 채를 흔적도 없이 그슬려 먹는 그 따위 짓을 아니 하고도 그것을 구울 수 있는(그들은 요리한다는 것을 불에 태운다고 말했지만) 방법을 찾아냈다. 그런 다음 최초로 엉성한 모양의 석쇠가 쓰이기 시작했다. 끈으로 잡아맨다든지 쇠꼬챙이에 꿰어서 굽는 방법은 어느 왕조 때인지 모르겠으나, 아무튼 한두 세기 뒤에 나타났다. 그와 같이 차츰차츰 발전해서 가장 유용하고, 겉으로 보기엔 가장 명백한 기술이 세상 사람들 사이에 보급되었다고 그 사본은 결론을 맺고 있다.

앞에 말한 이야기를 무조건 믿지는 않는다 하더라도, 집을 불지르는 것과 같은 그런 위험천만한 실험(특히 요즈음에 있어서)에 대한 가치 있는 구실로 어떤 요리를 해먹는다는 명분을 붙인다면, 적어도 구운 돼지에 대해서는 그 구실을 인정할 수밖에 없다.

하늘 아래 온갖 맛있는 음식 가운데서, 나는 구운 돼지를 가장 맛있는 음식, 별미 중의 최고라고 주장하고 싶다.

내가 말하는 것은 다 자란 돼지가 아니라 큰 돼지와 새끼 돼지 중간의 것, 저 풋내 나는 놈이 아니라 어리고 귀여운 젖먹이, 한 달이 채 되지 않은 놈, 아직 돼지우리에서 때가 묻지 않은 놈, 조상 첫대부터 물려받은 결점인 더러운 걸 좋아하는 태(胎)에 밴 오점이 튀어나오지 않은 놈, 아직 그 목청이 찢어지는 소리를 내지 않고 어린애 같은 높은 소리와 꿀꿀대는 소리 중간쯤 소리를 내는 놈, 꿀꿀대기 이전에 나는 소리나 그 전주곡 같은 부드러운 소리를 내는 놈이다.

"그런 놈은 반드시 구워야 한다." 우리 조상들이 그놈들을 물에 삶거나 끓여 자셨다는 것을 모르는 바 아니지만 그렇게 되면 그 겉가죽을 버리게 되니 얼마나 손해인가!

나는 이 이름도 멋지게 붙은 것처럼 그 살가죽이 바삭바삭하고 노르끄레하게 구워지고, 잘 지켜서서 너무 타지 않게 구운 것의 맛과 필적할 만한 맛은 세상에 없다고 주장하고 싶다. 이 음식을 먹을 때, 고 아삭아삭하고 바삭바삭한 살가죽의 저항을 느끼면서 씹으면 우리의 이도 마땅히 그 즐거움을 나눠 갖는다고 하겠다. 쫀득쫀득한 기름기가 있고―아, 그것을 비계라고 하지 마시라! 그러나 차차 비계 맛으로 변해가는 그 희한한 맛―비계가 풍기는, 피어나는 꽃송이같이 연한 맛―꽃봉오리 상태에서 베어진 비계―새순이 돋을 때 꺾여진―태어나자마자 깨끗할 때에―새끼 돼지의 아직도 순결한 고기의 진짜 일품인―깡말랐다고 할까. 아니, 그렇지도 않은, 꼭 동물에게서 뽑아낸 고기 만나[2]라고나 할까. 아니면 차라리 기름기와 살코기(그럴 수밖에 없다면)가 서로 한데 섞여 두 가지가 한 덩어리가 되어서, 신들이 먹는 한가지 요리, 아니면 사람도 먹는 공동의 음식이라 하겠다.

그놈이 요리되고 있는 것을 보시라. 그놈이 저렇게 가만히 있는 것을 보면, 가죽을 태우는 열은 오히려 기분 좋게 해주는 온기같이 보인다. 끈에 매달려서 얼마나 얌전히 빙빙 돌고 있는가! 이제 그놈은 다 익었다. 저 어린 나이의 기막힌 감수성을 볼 수 있다니! 저 예쁜 두 눈은 울어서 눈물이 말라버렸고 반짝이는 젤리처럼 흐르는 별처럼 되고 말았다.

그놈이 두 번째 요람인 접시에 놓여 있는 것을 보시라. 얼마나 온순하게 누워 있는가! 여러분은 이 순진한 것이 흔히 그렇듯 나이를 먹을 대로 먹어 커다란 덩치로 자라나 상스럽고 말 안 듣는 못된 놈이 되기를 바라는가? 십중팔구는 대판 먹어대는 게으름뱅이에 고집통에다 꼴사나운 짐승이 되어 온갖 잡스러운 더러운 소리 속에서 뒹굴어댈 것이다. 어린 돼지는 다행스럽게도 이런 죄악으로부터 벗어날 수 있을 것이다.

    죄에 말라비틀어지고 슬픔에 시들기 전에,
    죽음은 때를 맞추어 찾아왔도다.[3]

돼지의 추억은 향기롭다. 시골뜨기가 돼지고기를 배터지게 먹어 놓고 한 반쯤 게워내면서 욕지거리를 내뱉는 것이 아니라, 탄광 인부가 썩는 내를 풍기는 순대를 미친 듯 먹어치우는 게 아니라, 판단력이 빠른 미식가의 고마워하는 밥통 속에 그럴듯한 무덤을 갖는 것이다. 그리고 그만한 무덤이라면 만족하고 죽을 수 있다.

그놈은 맛 중에 최상의 맛이다. 파인애플 맛도 굉장하다. 그 맛은 정말이지 너무나 월등해서—죄를 받을 만큼은 아니라도 송구스러울 정도로 맛이 좋아서—정작 양심이 고운 사람은 사먹을 엄두를 못 내며, 사람의 구미에는 지나치도록 황홀해서 접근하려는 입술에 상처를 입히고 생채기를 내놓는다. 그것은 또 애인의 입맞춤같이 물어뜯기도 한다. 그 풍미란 강렬하고 미칠 듯해서 고통과 등을 대고 있는 쾌락이라고 하겠다. 그러나 그 맛은 혓바닥 끝에서 그치고 만다. 그리고 식욕을 채워주지도 못하기 때문에 아주 허기진 인간은 그것을 양고기 조각과도 맞바꿔 먹게 된다.

반면 내가 예찬하고자 하는 돼지는 적잖이 식욕을 돋우어줄 뿐만 아니라, 까다롭게 미각을 따지는 사람에게도 만족감을 준다. 몸이 튼튼한 사람도 그놈을 된통 먹어대고, 약골도 그 순한 육즙을 마다하지 않는다.

선과 악이 한덩어리가 되어 서로 비꼬여 풀어내기가 어렵고, 어떻게 풀게 되면 위험이 나타나는 인간의 복잡하게 혼합된 성질과는 딴판으로, 돼지란 놈은 아주 철두철미하다. 그놈의 몸뚱어리는 어느 부분을 막론하고 좋고 나쁜 데가 없다. 그 작은 자력(資力)이 미치는 한은 어느 부분이고 모두 유용하다. 잔치 마당에서도 어느 부분이 더 맛이 있고 없고 해서 불쾌하게 되는 일이 없다. 그놈은 온 동네가 다 좋아하는 음식인 것이다.

나는 내 몫으로 굴러들어온 이 세상의 좋은 것들을(이 종류의 내 것은 별로 없지만) 마음 내키는 대로 미련 없이 친구에게 나눠주는 그런 인간 중에 하나다. 단언하겠지만, 나는 내 친구의 즐거움, 홍

믿거리, 도가 지나치지 않은 만족감 같은 것에 관해, 나 자신과 똑같이 큰 관심을 가지고 있다. 나는 종종 "선물은 없는 친구를 그립게 만든다"[4]라는 말을 한다. 산토끼, 꿩, 자고새, 도요새, 헛간 문 앞의 병아리(저 길들인 농가의 가금) 거세된 수탉, 물떼새, 삶은 돼지고기, 통에 담은 굴 같은 것을 나는 받는 대로 남에게 아낌없이 나눠준다. 말하자면 나는 친구들의 혀를 빌어 이런 것들을 맛보기를 좋아한다. 그러나 어디에서인가는 주춤하지 않으면 안 된다. 사람은 누구나 리어 왕처럼 "몽땅 주어버리려고"는 하지 않는다. 나는 돼지를 놓고는 주춤하지 않을 수 없다. 내 생각에는 하느님께서 특별히 내 개인적인 구미에 맞추어 정해주신 축복의 물품을(우정이라는 구실로, 혹은 나도 모르는 무슨 구실로) 헤픈 여편네가 쓴 장 돌리듯 집 밖으로 내놓거나, 남에게 주어버린다는 것은 온갖 좋은 음식을 내려주신 하느님께 배은망덕한 짓이라고 말하고 싶다. 그 따위 짓은 몰지각의 소치다.

나는 전에 학교에 다닐 때 있었던, 이처럼 양심에 가책을 느끼게 하는 일을 기억하고 있다. 나의 마음씨 좋은 늙은 숙모는 노는 날이 다 지날 무렵이 되면 반드시 초콜릿이나 다른 맛있는 것을 내 호주머니에 넣어주셨는데, 어느 날 저녁엔가는 화덕에서 금방 구워낸 김이 나는 마른포도 과자를 주고 가셨다.

내가 학교 가는 길에(학교는 런던교 건너에 있었다) 머리가 하얗게 센 거지가 인사를 했다(지금 생각해보면, 그 자는 사기꾼이었던 것이 틀림없다). 나는 그에게 베풀 돈이 한 푼도 없었다. 그러나 극기를 하겠다는 허영심에서, 그리고 자선을 한다는 꽤 젠체하는 기분으로, 또 배우는 아이답게, 거지에게 선심을 썼는데, 그 과자를 몽땅 줘버리고 말았다! 그러고 나서 이러한 경우에 누구나 그렇듯이, 자기만족의 달콤한 위안으로 마음이 들떠서 계속 걸어갔다.

그러나 런던교를 채 다 건너기도 전에 나의 제대로 된 감정이 되돌아오고, 눈물이 쏟아졌다. 생각해보니 마음씨 착한 숙모한테 얼마나 배은망덕한 노릇이며, 전에 한번도 보지도 못한 낯선 사람에게, 그것도 보아하니 못된 인간 같은 데다 그 좋은 선물을 다 안겨버리고 말았으니⋯⋯. 그런 다음, 다른 사람이 아닌 바로 나 자신이, 그 맛있는 과자를 먹고 있으려니 하고 숙모가 기뻐할 일을 생각하고—다음번에 숙모를 보고 뭐라고 말해야 할까—그 훌륭한 선물을 내주다니, 나라는 인간은 얼마나 되먹지 못한 녀석인가!—그리고 고 향긋한 과자 냄새가 나의 기억 속에 다시 살아나고 숙모가 과자를 만드는 것을 바라보고 느꼈던 즐거움과 호기심, 그리고 숙모가 과자를 화덕에 넣을 때 행복에 넘치던 모습, 그런데 결국 내가 그것을 한입도 떼어먹지 않았다는 사실을 알고 얼마나 실망을 할까를 떠올리며 자선을 베푼다는 건방진 생각과 때와 장소를 모르는 선행에 대한 위선을 저주했다. 무엇보다도 나는 그 교활하고도 아무 소용없는 늙어빠진 사기꾼의 낯짝을 두 번 다시 대면하고 싶지 않았다.

우리 조상님네는 이런 양순한 짐승을 희생시키는 데 까다로운 방법을 사용했다. 없어져버린 다른 풍습에 관한 이야기를 들을 때와 마찬가지로, 조상들이 돼지를 회초리로 매를 때려잡았다는 이야기를 책에서 읽으면 우리는 충격을 받는다. 매질을 해서 훈련시키던 시대는 가버렸다. 그러나 어린 돼지의 살코기처럼 원체 아주 연하고 맛이 좋은 고기를 이런 방법을 써서 한층 연하고 맛이 좋게 한다면 어떤 결과가 나올지 알아보는 것도(다만 이론적인 견지에서지만) 흥미 있는 일이다. 그것은 마치 오랑캐꽃을 가다듬어 품위를 높이는 것과 같다. 그러나 우리가 인간의 잔인성을 힐난한다 하더라도, 조심해야 할 것은 그것을 실천하는 지혜를 탓해서는 안 된다는 것이다. 그것은 실제로 맛을 돋우어줄지도 모른다.

내가 성(聖) 오머 대학[5]에 있었을 때, 젊은 학생들이 논란을 벌인 가설을 하나 기억한다. 그것은 "회초리로 매를 맞아 죽은 돼지의 맛이 우리가 그 짐승에 대해 생각할 수 있는 어떤 고통보다도 훨씬 강렬하게 인간의 미각에 기쁨을 줄 수 있다고 가정한다면, 사람이 돼지를 잡을 때 그 방법을 쓰는 것이 정당한 것인가?"라는 문제로서 두 패로 갈라져 많은 학식과 흥미를 가지고 제 편의 이론을 주장했다. 그러나 그 결론이 어떻게 지어졌는지는 기억나지 않는다.

그 돼지고기에 넣는 양념도 생각해봐야겠다. 결정적으로 훌륭한 맛을 내자면, 약간의 빵 부스러기하고 돼지 간과 골을 넣고, 순한 샐비어 잎사귀를 조금 뜯어 넣고 요리하는 것이 좋다. 그렇지만 친애하는 부인 요리사 여러분, 제발 바라옵건대 파 따위는 넣지 마시라. 돼지는 통째로 구워서 여러분의 구미에 맞도록 골파즙에 담갔다가, 크고 독한 마늘을 그득히 그 속에 다져 넣으시라. 그렇게 해도 돼지의 맛을 버리거나 제 맛 이상으로 독하게 되는 법은 없으리니. 그러나 잊지 마시라. 그놈은 약한 놈, 한 송이 꽃이라는 것을…….

주

헌사 우애가 깊고 현명하신 독자 여러분께

1 셰익스피어의 《아테네의 타이몬(Timon of Athens)》 2막 6장에서 인용.
2 철학자 아낙사고라스를 살라미스의 폭군, 니코크레온이 절구에다 넣고 짓찧는 형벌을 가하지만 이때 그가 "나 아낙사고라스의 몸뚱이를 빻거라, 하지만 그대들이 내 영혼은 부수지 못하리라"고 외친 것을 비유로 인용한 것.

두 가지 인종

1 〈창세기〉 9장 25절.
2 기원전 5세기 아테네의 정치가이자 장군.
3 셰익스피어의 〈헨리 4세(King Henry IV)〉 및 〈윈저의 명랑한 아낙네들(Merry Wives of Windsor)〉에 나오는 희극적 인물.
4 18세기 영국의 유명한 수필가.
5 위트가 넘치는 영국의 극작가 셰리든(Richard Brinsley Sheridan)을 말함.
6 John Horne Tooke. 영국의 언어학자.
7 〈누가복음〉 2장 1절 인용.
8 2월 2일의 축제일로서 스코틀랜드에서는 지불일(支拂日)임.
9 9월 29일로서 지불일의 하나.

10 〈누가복음〉 16장 19~31절의 이야기.

11 밀턴의 《복락원》 제2권 455행의 말.

12 밀턴의 《코머스(Comus)》 151행에 나오는 구절.

13 아브라함의 첩으로, 이스마엘을 낳았다. 아브라함에게 쫓겨남(〈창세기〉 21장 9~15절).

14 19세기 영국의 서정시인 콜리지(Samuel Taylor Coleridge)를 말함.

15 13세기 이탈리아의 주교이자 학자.

16 성(聖) 비비스에게 정복당했다는 키가 30척이나 되는 전설의 거인.

17 John Webster의 비극 *The White Devil*의 여주인공을 말함.

18 호메로스의 *Iliad* 제24권에 나오는 이야기로 트로이의 왕 프리아모스는 50명의 아들을 두었는데 사랑하는 아들 헥토르가 죽음을 당하고부터는 나머지 아들들을 생각하지 않았다는 내용.

19 18세기 유머 작가 Thomas Amory의 *The Life of John Buncle*의 주인공.

20 낯모르는 개종자란 우연히 굴러들어온 책을 말함.

21 James Kenney. *Raising the Wind*를 쓴 희곡 작가임.

22 뉴캐슬(Newcastle) 공작부인(1624~1673). 자기 남편 뉴캐슬 공작의 전기를 씀.

23 프랑스를 말함.

24 Cyril Tourneur의 희곡 *Atheist's Tragedy*에 있는 구절.

25 Philip Sidney 경의 가까운 친구이며 시인이며 철학자.

26 콜리지를 말함.

27 Samuel Daniel(1562~1619). 시인이며 극작가.

28 여기서 이교의 나라란 프랑스를 가리킴.

옛날 교사와 오늘날의 교사

1 벨기에의 지리학자인 Abraham Ortell(1517~1598)를 가리킴.

2 Aaron Arrowsmith(1750~1823). 램이 살던 당시의 유명한 지리학자.

3 Thomas Manning(1774~1840). 수학자이며 탐험가임.

4 Ben Jonson이 셰익스피어의 무식을 조롱한 말임.

5 Shacklewell. 런던 북쪽의 교외 지역.

6 호메로스의 *Odussey*에 나오는 시실리 섬 밖에 있는 작은 섬에 있다는 반신조(半身鳥)의 미소녀로, 아름다운 노래로 선원을 유혹했다 함.

7 아킬레우스는 트로이 전쟁 당시 어머니 테티스의 주선으로 스키로스 궁전에 숨어 살았다 함.

8 Thomas Browne(1650~1682). 의사이며 종교 사상가로 램이 그의 작품을 애독함.

9 "wide solution"은 Browne의 *Urn Burial* 5장에 있는 구절임.

10 William Lily(1465~1522). 영국 고전학자이며, St. Paul's School의 선생이었음.

Thomas Linacre(1460~1524). 학자이며 의사, 옥스퍼드대에서 그리스어를 가르침.

11 옛날 그리스 산 속에 있는 이상향(理想鄕)임.

12 Sir Philip Sidney의 목가적 소설 *Arcadia*에 나오는 나라의 왕.

13 Arcadia에 나오는 남자.

14 Arcadia에 나오는 여자.

15, 16 셰익스피어의 〈겨울이야기〉에 나오는 양치기 소녀.

17 St. Paul's School의 창설자며 인문학자.

18 Samuel Hartlib는 밀턴의 친구.
19 램 자신이 쓴 *Poetry for Children*의 한 구절.

나의 첫 연극 관람

1   David Garrick. 18세기 영국의 유명한 배우이며, 이 극장 소유자 중의 한 사람.
2   184쪽 〈두 가지 인종〉의 주 5 참조.
3   로마의 정치가, 웅변가, 저술가.
4   세네카(Lucius Annaeus Seneca;2~65). 로마의 철학자 및 도덕가. 네로를 가리킴.
5   바로(Marcus Terentius Varro) 로마의 문인.
6   Troilus and Cressida의 제5막 제2장.
7   가극 *Artaxerxes*의 맨 처음 나오는 노래.
8   독일 작곡가 Gluck와 영국 작가 Arne이 작곡한 가극.
9   월터 롤리(Sir Walter Raleigh)의 *History of the World*를 말하는 듯함.
10 구약 〈다니엘서〉 6장에 나오는 이야기로 신하들이 다리우스 왕에게 다니엘을 사자굴에 넣자고 해서 다니엘이 그 속에 들어가지만 사자굴 속에서 살아나온다.
11 페르시아의 옛 수도.
12 기원후 251년의 프랑스 순교자로 목을 잘리고도 4마일이나 걸어갔다 함.
13 Kenrick의 작품.
14 John Rich(1681~1761), 희극 작가로 Lun이라는 필명을 썼음.

15 Congreve의 희극으로 1700년에 씌어짐.
16 St. Mary's Church로 보통 Temple Church라고 불린다. 1241년에 Templar의 기사들이 세웠다.
17 Walton의 *Complete Angler* 4장에 나오는 말.
18 Mrs. Siddons는 영국의 가장 유명한 비극 여배우로 Roger Kenble의 딸임. 그녀는 1782년 드루어리 극장에서 Southern의 *The Fatal Mariage*에서 이사벨라 역으로 유명해짐.

발렌타인 축일

1, 2, 3   4, 5세기의 신부들임.
4 아프리카의 Hippo의 사제 St. Augustine으로 더 유명한데, 세례받기 전에 죽은 어린애 혼은 지옥에 떨어진다고 그의 책에서 이야기하고 있다.
5 〈마태복음〉 14장 12절을 설교하면서 남근을 자름으로써 신성에 이를 수 있다고 주장했다가 나중에 자기의 잘못을 인정했다.
6, 7, 8   16세기의 신부 및 대주교.
9 《실락원》 1장 768행.
10 연애편지를 뜻함.
11 셰익스피어의 *Twelfth Night* 제2막 4장 18행에 있는 말.
12 〈맥베스〉 제1막 5장 36행에 나오는 말임. .
13 램의 친구인 James White가 쓴 *Falstaff's Letters*에 나오는 구절임.
14 해양 용어로 배가 때로 파도 위에 떠오르기도 하고, 또 물속으로 가라앉기도 하는데, 램이 여기서 한 뜻은 너무 바보처럼 굴어도 안 되고, 그렇다고

너무 똑똑해서도 안 된다는 말임.

15 Edward Burney(1760~1848). 초상화가.
16 오비디우스. 로마의 시인.
17 그리스 로마 전설로 바빌론의 비련의 연인들.
18 카르타고의 불운한 여왕.
19 그리스 신화의 연인들. 둘 다 강과 바다에 빠져 죽음.
20 Lydia강을 말하는데 시인들은 백조가 노는 곳으로 읊었다.

수도에서 거지가 사라지는 것을 한탄함

1 헤라클레스의 곤봉으로, 세상에 있는 온갖 괴물과 악폐를 근절시키기 위해 사용된다는 것.
2 기독교도 역사상 10회의 박해에다가 램 자신이 덧붙인 최후인 동시에 최악의 박해로 비유해서 쓴 말임.
3 시실리 시라쿠사의 전제군주였으나 기원전 343년에 티몰레온에게 쫓겨나 코린트에서 학교 교사가 되었다 함.
4 17세기 플랑드르의 유명한 화가.
5 6세기 로마의 이름난 장군이었으나 전설에 의하면 유스티니아누스 황제를 내몰려는 음모를 꾸몄다고 해서, 노년에 거리에서 구걸을 했다 함.
6 John 왕의 아들 Richard를 말함. 램은 여기서 눈먼 Leicester 백작을 말한 듯함.
7 런던 서북부의 자치 지구.
8 Henryson의 *The Testament of Creseide*에 나오는 여자.

9   2세기의 그리스 풍자가.

10 아시리아의 왕 Nimus의 왕후.

11 거지 계집아이에게 사랑에 빠져 결혼했다는 신화상의 아프리카 왕.

12 셰익스피어의 *As You Like It* 제2막 1장 55행에 있는 구절임.

13 Apocrypha의 *Tobit* 서에 있는 이야기로 참새 똥에 맞아 눈을 못 보게 된 늙은 장님을 말함.

14 L 가의 감독관을 빈민법의 수호자라고 한다.

15 V. Bourne(1697~1747) 웨스트민스터 학교 교사였으며 Cowper의 선생이기도 했다.

16 1780년에 신교도들이 일으킨 반 로마교황 폭동. 또는 조지 고든 경 소란이라 한다. 이때 폭도들이 며칠 동안 런던 거리를 장악했다.

17 리비아의 거인으로 땅을 어머니로 하고 태어났기 때문에 땅에 손만 대면 새로운 힘을 얻었다고 함(로마 신화).

18 그리스의 조각 단편들로, 주로 그리스 조각가 페이디아스의 작품이다. 이런 단편들을 1802년에 엘긴 경이 영국으로 가지고 와 1816년에 대영박물관에 팔아 넘겼다.

19 켄타우로스와 데사리아의 한 종족인 라피사와의 싸움을 말함.

20 그리스 신화에 나오는 허리 위는 사람, 그 아래는 말인 괴물.

21 《트리스트럼 샌디(Tristram Shandy)》의 작가, 로랜스 스턴(Laurence Stene)을 말함.

22 셰익스피어의 〈줄리어스 시저〉 제1막 2장 151행의 말을 변조한 구절임.

23 런던 동남쪽에 위치한 교외.

24 런던교(橋)가 있는 템스 강 남쪽 지역.

25 〈마가복음〉 10장 46절에 나오는 여리고의 눈먼 거지.
26 〈전도서〉 11장 1절의 말로, 후에 다시 얻게 된다는 의미임.
27 〈히브리서〉 13장 2절, 〈창세기〉 18장 2절 및 19장 1절의 비유.

기혼자의 거동에 대한 미혼 남자의 불평

1, 2 〈시편〉 127편 4~5절의 말.
3 램은 여기서 라틴어의 Testacea라는 단어를 써서 안주인을 지칭했다. 영어로는 Mrs. Shell-fish임.
4 스페인에 있는 지방으로, 이곳 버찌는 별미로 유명하다.
5 원문에 표기된 Cerasia는 라틴어의 cerasus나 cerasum에 기원을 둔 말로, 영어로는 Mrs. Cherry가 됨

오늘날의 신사도

1 런던 은행 북쪽으로 나 있는 번화한 상가.
2 Joseph Paice의 숙부이며 *Canons of Crittcism*의 저자. 그는 훌륭한 비평가였으나 시는 잘 쓰지 못했다.
3 스펜서의 *Faerie Queene*에 나오는 예절을 대표하는 기사 중의 한 사람.
4 아서 왕의 가장 용감하고 가장 예절바른 원탁의 세 기사 중의 한 사람.

귀에 대한 이야기

1   18세기 영국 작가, 《로빈슨 크루소》를 씀. 디포는 교회에 대한 풍자를 담은 *Shortest Way with Dissenters*라는 책을 쓴 이유로 벌금을 내고 칼(옛날에 죄인의 머리와 손목을 끼워 거리에 내놓았던 형틀)의 형을 받은 일이 있음.

2   Pope의 Dunciad라는 시에서 인용. "귀가 없이 높이 서서, 디포는 망신스러운 줄 몰랐다네"라는 구절.

3, 4   Metastasio라는 이탈리아 오페라의 한 구절.

5   Alice Winterton. 램의 애인.

6   Sostenuto는 '지속해서(sustained)'라는 뜻이고, Adagio는 '느리게(slow)'라는 뜻임.

7   〈창세기〉 4장 12절에 Jubal은 악기를 발명한 사람으로 이름이 나와 있음.

8   Hogarth의 〈Enraged Musician〉은 시끄러운 거리 악대 때문에 음악가가 고통을 당하는 것을 그림. 진정한 음악가에겐 거리의 소음이 지옥의 고통처럼 느껴지나 램에게는 오히려 그것이 낙원으로 느껴진다는 뜻.

9   〈요한계시록〉 10장 10절의 말을 인용. "내가 천사의 손에서 작은 책을 갖다 먹어버리니 내 입에는 꿀같이 다나, 먹은 후에 내 배에서는 쓰게 되더라."

10   이스라엘의 다윗 왕을 지칭함.

11   Izaak Walton의 *The Conpleat Angler*에 나오는 인용구. 제1권 제4장에 있음.

12   그리스 신화에 나오는 레스보스의 악사 Arion신.

13   해신(海神)으로 반은 사람이고 반은 물고기다.

14 그의 친구 Nov ──── 즉 Vincent Novello의 부인을 말함.

15 세 사람 다 기독교 참뜻에 어긋나는 것을 주장했고 이단자들임.

16 전설상의 거인들임.

만우절

1 셰익스피어의 *As You Like It*의 제2막 5장 50행에 있는 말임.

2 리스어의 주문.

3 워즈워스의 시 *The Fountain* 중의 한 토막.

4 기원전 5세기의 그리스 철학자. Etna 화산 분화구에 몸을 던져버렸다는 말이 있음.

5 플라톤의 《영혼불멸설》을 읽고 바다에 몸을 던졌다는 Ambracia의 청년. 열대의 바다에서 수부(水夫)들은 열사병 때문에 바다를 푸른 들판이나 나무로 착각하고 바다에 몸을 던지는 일이 때때로 있다 함.

6 8세기의 아라비아의 연금사. 램은 그가 바벨탑을 쌓아올렸다고 생각해서 인용.

7 말더듬이 소리는 물론 바벨탑과 관련된 이야기지만, 램 자신이 말더듬이였기 때문에 그 점으로도 생각해볼 수 있음.

8 그리스 역사의 원조이나 바벨탑을 언급한 일이 없음. 램은 틀린 이야기를 하고 있음.

9 바빌론을 말함.

10 런던 대화재를 기념하기 위해 Christopher Wren이 세운 200피트 높이의 탑을 말함.

11 알렉산드로스 대왕이 세상을 다 정복한 뒤 더 정복한 뒤 더 정복할 곳이 없다고 한탄한 데서 나온 말임.

12 12세기의 철학자이며 화학자임.

13 13세기의 궤변파 학자.

14, 15, 16, 17, 18, 19 이들은 영국의 희곡 중에 나오는 인물들, 모두가 얼뜨기들임.

20 Granville Sharp. 유명한 박애주의자로 노예해방 운동을 벌임.

21 엘리자베스 시대의 Richard Barnfield의 시.

22 *Love's Labour's Lost*에 나오는 스페인의 신사.

23 《돈키호테》에 나오는 인물.

24 Gay의 *Beggar's Opera*에 나오는 노상 강도.

25 *Twelfth Night*에 나오는 허황한 인간.

26 18세기 영국 시인으로 *Beggar's Opera*를 씀.

27 〈히브리서〉 11장 38절 인용.

제야(除夜)

1 콜리지의 *Ode to the Departing Year*에서 인용.

2 Alexander Pope가 번역한 〈오디세이〉 제15권 84행의 구절임.

3 Alice Winterton.

4 파렴치한 변호사, Lamb은 자신의 시 *Going or Gone*에서 그를 "cheat and a will forger"라고 했다.

5 램이 7년간 다닌 런던의 공립학교.

6   아이네이아스가 트로이 함락 후에 신들의 명령을 좇아 이주한 이탈리아의 Lavinium을 지칭함.

7   Phoebus는 태양신을 말함. 달은 그 태양신의 창백한 누이로 불린다.

8   Rabelais의 풍자 소설 *Gargantua*에 나오는 용감한 수도사로 "너를 지옥의 악마에게 넘겨주겠다"라는 말을 즐겨 썼다 함.

9   Charles Cotton(1630~1687). 램이 애독한 *The Complete Angler*의 저자인 Izaak Walton의 친구로 이름난 시인.

마녀와 그 밖의 밤의 공포들

1   셰익스피어의 *Tempest*에 나오는 인물.

2   스펜서의 *Faerie Queene*에 나오는 인물. Sir Guyon을 말함.

3   Thomas Stackhouse(1681~1752). 영국의 신학자.

4   Thornton Hunt. 시인이며 비평가인 Leigh Hunt의 아들임.

5   〈맥베스〉제5막 제3장에 있는 구절임.

6   밀턴의《실락원》2장 628행에 나오는 그리스 신화의 괴물들. 고르곤은 세 자매인데 머리털은 뱀이고 한번 보면 사람이 돌이 되고 만다 함. 히드라는 머리가 백 개나 되는 뱀. 키메라는 머리가 세 개인 괴물로 사자 머리, 염소 머리, 용머리를 하고 있음. 켈라이노는 여자 얼굴을 가진 괴물 새. 하피도 켈라이노와 같은 괴물로 그 자매임.

7   스펜서의 *Epithalamium* 343행의 구절.

8   콜리지의 *Ancient Mariner* 중 한 구절.

9   '호수 지방'이라고 불리는 Westmoreland에 있는 산.

10 Lake District에 있는 제일 높은 봉우리 셋 중의 하나.
11 콜리지의 놀라운 상상력을 동원해 쓴 작품으로 생생한 꿈을 단편적으로 모은 것이라는 말이 있음.
12 콜리지는 꿈에 낭만을 불러일으킬 수 있는 옛날 악기를 불러냈다는 말과 대조를 시킨 내용.
13 시인 Bryan Waller Procter(1790~1874)를 가리킴.
14 캔터베리 대주교가 사는 템스 강가의 저택.

굴뚝 청소부 예찬

1 18세기의 유명한 영국 화가. 풍자적인 풍속 화가로 알려져 있음.
2 굴뚝 청소부의 검댕 묻은 옷과 검은 얼굴을 비유한 것임.
3 〈마태복음〉 2장 18절과 〈예레미야〉 31장 15절에 나오는 자식을 잃고 슬퍼하는 어머니를 말함.
4 유명한 영국의 몬터규 가의 아들로 웨스트민스터 학교를 다니다가 유괴되어 굴뚝 청소부가 되었는데 다시 찾았다 함.
5 12세기부터 스미스필드에서 9월 3일에 열렸는데 1855년부터는 없어지고 말았다.
6 All is not gold that glitters(번쩍인다고 다 금은 아니다)라는 말을 바꾼 것.
7 찰스 2세 때의 백작이며 재담을 잘한 것으로 유명함.
8 셰익스피어의 *Cymbeline*의 제4막 제2장에서 인용한 말임.

식사 전의 기도

1 라블레 식이라 함은 청교도처럼 엄격하지 않으며 유머가 있고 쾌활한 것을 말함. 라블레(1483~1553)는 프랑스 신부였음.

2 라틴어 Homo Humanus는 Human man으로 인간을 풍자해서 쓴 말임.

3 〈신명기〉 32장 15절에 있는 말임.

4 그리스 신화에 나오는 하피라는 괴물새로 베르길리우스의 서사시 《아이네이스》의 제3장에 나옴. 켈라이노 역시 하피의 일종으로 예언적인 말을 했다 함.

5 밀턴의 《복락원(福樂園)》 2장 337~347행에 있음.

6 로마 황제 바시아누스 바리우스 아비타스를 지칭한 말임.

7 《복락원》 2장 264~265행에 나오는 구절.

8 《복락원》 2장 266~279행.

9 콜리지를 말함.

10 팔레스타인의 남방 어업(南方漁業)에 종사했던 필리스틴인이 섬기던 어신(魚神)임. 앞에 나온 상자는 이스라엘인의 신전에 마련되어 있는 계약의 상자를 일컬음.

11 프랑스 구루노블 근처에 있는 수도원.

12 영국 옥스퍼드셔에 있는 촌락을 말하는데, 그 주민들은 익살스럽다는 것으로 이름나 있다. 그곳에 Pigs라는 이름을 가진 사나이가 풍금을 쳤다는 사실이 있어 돼지가 풍금을 치는 것으로 비유해 쓴 것.

13 2세기 그리스의 재기가 넘친 풍자가.

14 Charles Valentine Le Grice.

15 호라티우스의 *Art of Poetry* XIX에서 인용함. 원문은 "Sed nunc non erat

his locus"이나 램은 "Non tunc illis erat locus"로 썼음.
16 기도할 때 흔히 사용되는 말로 여기서는 음식물을 말한다.

내 친척

1 Thomas a Kempis(1380~1471) 독일의 신학자로, 라틴어로 된 *De imitatione Christi*(어떻게 그리스도와 같이 되는가)의 저자로 유명함.
2 유니테리언 교는 하느님 한 분만 믿고 예수의 신성을 인정치 않음. 영국에서는 18세기 초에 설립되었음.
3 램의 친형 전과 친누이 메리를 가리킨다.
4 《트리스트럼 샌디》의 저자, 로랜스 스턴(1713~1768)을 말함.
5 James Elia를 말함.
6 스턴의 소설 속에 등장하는 인물인 Shandy를 지적해서 한 소리임.
7 Domenico Zampieri(1581~1641). 이탈리아의 화가며 건축가임.
8 스웨덴 왕 찰스 12세를 말함.
9 동유럽에서 아시아에 걸친 지역을 말함.
10 Claude Gelee(1600~1682). 프랑스의 유명한 풍경화가.
11 Hobbema 역시 17세기 네덜란드의 풍경화가.
12 런던의 West end를 말함. 유행과 환락의 거리.
13 Pope의 *Epistles* 2장 19행에 있는 구절. 달의 여신 Diana를 말함.
14 셰익스피어의 소네트 33의 첫째 줄에 있는 말. 라파엘로가 그린 마돈나(성모 마리아)라고 해서 사들인 그림이 가짜로 판명되어 무가치한 것으로 헛간에 내던져진다는 내용.

15 Carracci라는 이름의 화가가 16세기 이탈리아에 몇 명 있지만, 그 중 가장 유명한 사람은 Annibale Carracci이다.

16 17세기 이탈리아의 시시한 화가들.

17 셰익스피어의 Richard II, 제5막 1장 80행에 인용. 만성절은 11월 1일임.

18 스펜서의 *Faerie Queene* 제1권 3절 1행.

19 Thomas Clarkson(1760~1846) 노예 제도 폐지를 위해 일생을 바친 박애주의자였음.

20 워즈워스의 시 *Sonnet on Clarkson*에서 인용한 구절.

21 조합에 신회원 가입 여부를 결정지을 때 흑백의 두 가지 공깃돌을 던져, 백이면 찬성, 흑이면 반대를 표했던 것.

하트퍼드셔의 매커리 엔드

1 램의 친누이 메리 램을 말함.

2 Robert Burton(1577~1640). 영국의 선교사이며 학자인 동시에 저술가.

3 영국의 속담에서 끌어들인 말로, Thomas Gray의 *Epitaph of By-Words* 중의 표현.

4 Thomas Browne의 작품.

5 Ben Jonson의 *Epithalamium for Mrs. John Weston*에서 인용.

6 워즈워스의 시 *Yarrow Visited*에서 인용.

7 성모 마리아와 세례 요한의 어머니 엘리사벳을 말함(〈누가복음〉 1장 40절).

8 Barron Field(1786~1846). 영국의 법정 변호사로 오스트레일리아의 시드

니에서 고등법원 판사가 되었다 그 후 지브랄탈의 수석 판사가 됨.
9 오스트레일리아의 해변을 가리킨 말.

꿈속의 아이들—백일몽

1 The Children in the Wood의 일절이며, 백부가 죽인 아이들을 숲속에 버렸더니 울새가 와서 가랑잎을 덮어 장사를 지내 주었다는 이야기.
2 여기서 어머니란 램의 가상의 부인.
3 John Lamb, 즉 램의 형을 말함.
4 Alice Winterton, 즉 Lamb의 첫사랑 상대인 Ann Simmons를 말함.
5 Ann Simmons가 결혼한 남자. 그는 런던에서 전당포를 경영했음.
6 레테라는 지옥의 강. 그 물을 마시면 과거를 모두 잊어버리고 만다 함.
7 램의 누이인 메리를 말함.

돼지구이를 논함

1 Thomas Manning을 말함. 동방을 여행한 언어학자.
2 옛 이스라엘 민족이 애굽을 탈출할 때 황야에서 하느님이 내려준 음식.
3 콜리지의 *Epitaph on an Infant*에서 인용.
4 여기서 Presents는 선물이란 뜻도 되고 출석자란 뜻도 된다.
5 프랑스에 있는 Jesuit college이다. 램은 이 학교에 다니지 않았다.

작품 해설

 찰스 램은 1775년 2월 10일 아버지가 법률사무소의 사서(司書)에 불과한 빈한한 집안에서 일곱 남매 중 막내로 태어났다. 그러나 형제는 대부분 어려서 죽고, 형 존과 누이 메리만이 살아남았다. 램의 아버지는 노망이 심했고, 어머니 역시 고질병이었으므로 집안 분위기는 암울했다. 다만 형 존만이 형편이 좋았는데, 따로 살고 있었기 때문에 아무런 도움이 되어주질 못했다.
 이러한 어두운 분위기가 메리에게 치명적인 영향을 미쳐, 메리는 1796년 9월 22일에 발작을 일으켜 식칼로 어머니를 살해하고, 아버지에게도 부상을 입혔다. 램은 이 끔찍한 장면을 목격하고 메리에게서 칼을 빼앗아 감춰버려야 했다. 그러나 그 뒤로도 메리는 계속해서 발작을 자주 일으켰고, 아버지가 세상을 뜨고 난 다음부터 램은 이 어머니를 살해한 미친 누이를 위해 결혼도 하지 않고 평생을 같이 지냈다. 그러나 그는 실의에 빠지기보다는 오히려 꿋꿋한 마음으로 깊은 사랑을 가지고, 언제 또 자기를 죽일지 알 수 없는 누이를 위해 40년이라는 기나긴 세월을 바쳤다.
 램의 학력은 누이 메리와 같이 크라이스츠 하스피틀 학원(Christ's

Hospital)에 입학해서 7년 동안 다닌 것이 고작이었다. 그는 이러한 어둡고 빈한한 집안 형편으로 인해 돈을 벌어야 했고 게다가 말을 더듬는 결함 때문에 학업을 더는 계속할 수가 없었다. 그러나 그의 어릴 적 모습을 두고 당시의 학교 친구, C. B. L. 그리스는 "상냥하고, 점잖고, 감수성이 강했으며, 예리한 관찰력을 지닌 소년이었다. 인상은 부드러운 편이었는데 얼굴빛은 맑은 갈색이었다. 그러나 말을 더듬었으며, 두 눈빛은 같지 않았고, 걸음걸이도 느린 데다 유별났다. 그러나 그의 부드러운 태도가 친구들의 환심을 살 수 있었던 것 같다"라고 술회했다. 그의 천성이 본래부터 깊고 아름다웠다는 것은 그의 생애를 통해 증명되고도 남음이 있다고 하겠다.

램은 이 학교에 다니는 동안에 시인 콜리지와 친교를 맺게 되어, 그것이 후에 그에겐 더없는 위안과 기쁨이 되었다. 그는 자신을 "당신의 매우 천한 종"이라고 부를 만큼 콜리지를 하늘과 같이 존경했고, 콜리지는 램의 평생을 통해 절대적이라 할 만큼 문학적으로나 친구로서나 대단한 존재였다. 1833년에 콜리지가 세상을 뜨자, 그의 충격은 이만저만한 것이 아니었고, 계속 그 충격에 사로잡혀 사람들과 이야기하다가도 갑자기 "콜리지는 죽었다"라고 비탄에 찬 큰 소리로 외칠 만큼 그 관계는 깊었다. 그는 잠시 동안 남양상사(South-Sea House)에 취직했다가, 동인도회사(East India Company)의 경리로 1792년부터 1825년까지 33년 동안 근무했으며, 연봉 700파운드까지 받게 되었다. 그는 주로 외할머니가 사는 하트퍼드셔에서 휴일을 보냈는데, 거기서 앤 시몬스라는 여인을 사귀어 사랑에 빠지게 되었다. 그러나 그녀가 바트럼이라는 전당업자와 결혼해버리자 그는 미칠 것 같은 실의에 빠지고 말았다. 그로 인해서 스스로 혹스톤에 있는 정신병원에 찾아가 6주간 입원한 일도 있다.

램은 1797년 콜리지, 로이드와 함께 공동으로 시집을 냈으며, 다음해엔 로이드와 둘이서만 다시 시집을 냈다. 1807년에는 누이 메리와 함께 고쳐 쓴《셰익스피어 이야기》를 출판하고 1820년부터 엘리아(Elia)라는 필명으로 《런던》지에 기고하기 시작했다. 1821년에는 형 존이 세상을 떠났다. 램은 자기와 누이에게 냉담하기만 했던 형 존에게 〈꿈속의 아이들〉에 나타나 있듯이 강한 애정을 느끼고 있었다.

1822년에 두 남매는 프랑스 여행에 나섰다. 이때 누이가 다시 발작을 일으키나, 그는 프랑스 여정을 중단하지 않았다. 1825년에 동인도회사를 그만두고, 1833년에는《엘리아의 마지막 수필(Last Essays of Elia)》을 출판했다. 그는 콜리지가 세상을 뜬 다음해인 1835년 12월 27일에 단독(丹毒)으로 인해 59년 동안의 생애를 매듭짓고 말았다.

램이 결혼도 하지 않고 정신이상인 누이를 위해 기꺼이 일생을 바쳤다는 것이 놀랍긴 하나, 그의 특질을 단언하기란 쉽지 않고, 따라서 그의 문필인으로서의 기록도 변변치 못하다. 그리고 그의 작품, 수필을 통해 그의 종교관을 판단하기도 곤란한 일이다. 그러나 그의 전반적인 작품 경향을 훑어보면 희망보다는 체념이, 그리고 기독교적인 불멸, 구원 등에 대한 바람보다는 죽음에 대한 혐오가 두드러진다. 이것은 어쩌면 그의 마음속 깊이 병약한 면이 스며 있어서, 특히 죽음을 두려워하고 있었던 것 같다.

다만 그의 도시에 대한 애정은 남다르다. 그에게 있어서 도시는 사람이 즐겨 살 수 있는 장소이다. 램에게 있어 런던은 그의 고향이며, 대학이다. 그러나 그는 도시 속의 상업적인 것에 대해서는 몹시 싫어했다. 그는 런던에 살면서 그 속에 있는 묵은 것, 희한한 것, 흥미로운 것들을 눈여겨보았다. 그에게 런던은 하나의 선경(仙境)이었다. 특히 그는 런던의 고색창연한 건물들과 고서적들을 애호했다. 그러나 신간 서적은 좋아하지 않았고, 도시 생활에서도 정치에 대해서는 무관심했다. 워즈워스가 자연을 찬미하기 시작한 바로 그때 램이 도시 숭배자였다는 사실은 간과할 수 없다. 워즈워스는 램을 향해 "a scorner of the fields"라고 불렀다. 이에 대해 램은 그에게 보낸 편지에 "dead nature"라고 응수했다.

또 램은 〈오늘날의 신사도〉에서 피력한 바와 같이 여성을 존중했고, 〈굴뚝 청소부 예찬〉에서 "innocent blackness"라고 한 것처럼 어린이에게 특히 애정을 품고 있었다. 그의 누이를 위한 평생의 헌신, 냉정한 형에 대한 애정, 친구들에 대한 변함없는 충성과 우애, 고통에 눌린 자들을 불쌍히 생각하는 자선, 신분의 높고 낮음을 가리지 않는 인류 전체에 대한 사랑은 우리가 감탄할 수밖에 없는 그의 참모습이었다.

램의 수필의 특징을 들어보면 그의 이야기는 길지 않고, 문체는 몹시 난삽하다. 그 까닭은 신어(新語)를 만들어내고, 두운법을 쓰고, 복합어, 폐어(廢語), 라틴어를 마구 쓰고, 명사를 형용사로 쓰며, 인용을 많이 하기 때문이다. 게다가 그 인용은 성경의 비유를 불경하게, 또 함부로 했으며, 정확치 못한 점도 있어, 더욱 어렵게 만드는 것이다. 또한 그의 글은 어떤 이론이나 체계의 전개가 아니라 세세한 사실의 집합체이다.

램의 글은 어떠한 목표가 없는 마음속에서의 방랑이 아니라 한 가지 생각을 오로지 어떤 목표를 향해 무던히 전개해나가는 식이다.

또 그는 주제를 가볍게 다루어나간다. 그러나 경박하지 않으며 필자의 의사를 독자들에게 강요하는 것이 아니라 지혜와 설득력을 가지고 공감을 준다. 그는 결코 토론의 광장으로 독자를 끌어들이지 않는다.

그의 수필은 생각 없이 적어나간 것이 아니라, 어디 한 군데 구애되지 않고 자유스럽게, 그리고 솔직한 심정으로 써나간 것이다.

램의 수필에는 물론 자서전적인 면이 농후하게 나타나고 있다. 템플에서의 어린 시절, 크라이스츠 하스피틀의 학창 생활, 하트퍼드셔의 소년 시절, 빈곤했던 어린 시절, 방랑 생활, 누이와의 휴가 여행, 정신병, 그리고 회복, 또한 지겨운 회사일, 무수한 교우 관계 등등이 취급되고, 누이 역시 상당히 자주 언급된다.

그는 또 자신의 열등한 면들, 즉 말더듬증, 음치라는 것, 못생긴 외모, 작은 키, 누구나 알고 있는 상식에 대한 무지, 그리고 술, 담배 등을 잘 하지 못하는 것 등을 내놓고 말하지만 결코 자신의 정신 이상에 대해서는 입을 열지 않는다.

그는 많은 유머를 즐겨 쓴다. 그리고 그것은 동정을 바탕으로 한 남다른 관찰과 심신의 활력을 북돋아주는 웃음을 자아내고 있다. 그러나 그의 이러한 유머 속에는 짙고 강하게 배어나오는 애수가 깃들여 있다. 그는 울지 않으려고 웃고 있는 것이다. 하지만 그 비애에 찬 모습은 결코 감추어지지 않는다.

아무튼 우리가 찰스 램의 생애와 그 수필을 읽고 본받아야 할 것은 그의 헌신적인 모든 사람에 대한 깊고 뜨거운 사랑임을 마음에 새겨야 할 줄 안다. 확실히 그는 이 메마른 세상에 눈물 어린 사랑의 사자로 왔다가 돌아간 한줄기 큰 빛이었다.

옮긴이 **김기철**

고려대학교 영문과와 동대학원 영문과를 졸업하고, 같은 과에서 강의했다. 이후 도예가로 활동했다. 지은 책으로《꽃은 흙에서 핀다》,《김기철의 흙장난》등이 있으며《검은 고양이》등을 우리말로 옮겼다.

찰스 램 수필선

1판 1쇄 발행 1976년 10월 25일
3판 1쇄 발행 2025년 6월 16일

지은이 찰스 램 | **옮긴이** 김기철
펴낸곳 (주)문예출판사 | **펴낸이** 전준배
출판등록 2004. 02. 11. 제 2013-000357호 (1966. 12. 2. 제 1-134호)
주소 04001 서울시 마포구 월드컵북로 21
전화 02-393-5681 | **팩스** 02-393-5685
홈페이지 www.moonye.com | **블로그** blog.naver.com/imoonye
페이스북 www.facebook.com/moonyepublishing | **이메일** info@moonye.com

ISBN 978-89-310-2519-4 04800
ISBN 978-89-310-2365-7 (세트)

• 잘못 만든 책은 구입하신 서점에서 바꿔드립니다.

문예출판사® 상표등록 제 40-0833187호, 제 41-0200044호

■ 문예세계문학선

★ 서울대, 연세대, 고려대 필독 권장 도서 ▲ 미국대학위원회 추천 도서
● 《타임》 선정 현대 100대 영문 소설 ▽ 《뉴스위크》 선정 세계 100대 명저

　　　　　1 젊은 베르테르의 슬픔 괴테 / 송영택 옮김
▲▽　　2 멋진 신세계 올더스 헉슬리 / 이덕형 옮김
▲●▽　3 호밀밭의 파수꾼 J. D. 샐린저 / 이덕형 옮김
　　　　　4 데미안 헤르만 헤세 / 구기성 옮김
　　　　　5 생의 한가운데 루이제 린저 / 전혜린 옮김
　　　　　6 대지 펄 S. 벅 / 안정효 옮김
●▽　　　7 1984 조지 오웰 / 김승욱 옮김
▲●▽　8 위대한 개츠비 F. 스콧 피츠제럴드 / 송무 옮김
▲●▽　9 파리대왕 윌리엄 골딩 / 이덕형 옮김
　　　　10 삼십세 잉게보르크 바흐만 / 차경아 옮김
★▲　　11 오이디푸스왕 · 안티고네
　　　　　　　소포클레스 · 아이스킬로스 / 천병희 옮김
★▲　　12 주홍글씨 너새니얼 호손 / 조승국 옮김
▲●▽　13 동물농장 조지 오웰 / 김승욱 옮김
　★　　14 마음 나쓰메 소세키 / 오유리 옮김
　★　　15 아Q정전 · 광인일기 루쉰 / 정석원 옮김
　　　　16 개선문 레마르크 / 송영택 옮김
　★　　17 구토 장 폴 사르트르 / 방곤 옮김
　　　　18 노인과 바다 어니스트 헤밍웨이 / 이경식 옮김
　　　　19 좁은 문 앙드레 지드 / 오현우 옮김
★▲　　20 변신 · 시골 의사 프란츠 카프카 / 이덕형 옮김
★▲　　21 이방인 알베르 카뮈 / 이휘영 옮김
　　　　22 지하생활자의 수기 도스토옙스키 / 이동현 옮김
　★　　23 설국 가와바타 야스나리 / 장경룡 옮김
★▲　　24 이반 데니소비치의 하루
　　　　　　　A. 솔제니친 / 이동현 옮김
　　　　25 더블린 사람들 제임스 조이스 / 김병철 옮김
　★　　26 여자의 일생 기 드 모파상 / 신인영 옮김
　　　　27 달과 6펜스 서머싯 몸 / 안흥규 옮김
　　　　28 지옥 앙리 바르뷔스 / 오현우 옮김
★▲　　29 젊은 예술가의 초상 제임스 조이스 / 여석기 옮김
　▲　　30 검은 고양이 에드거 앨런 포 / 김기철 옮김
　★　　31 도련님 나쓰메 소세키 / 오유리 옮김
　　　　32 우리 시대의 아이 외된 폰 호르바트 / 조경수 옮김
　　　　33 잃어버린 지평선 제임스 힐턴 / 이경식 옮김

　　　　34 지상의 양식 앙드레 지드 / 김붕구 옮김
　　　　35 체호프 단편선 안톤 체호프 / 김학수 옮김
　　　　36 인간 실격 다자이 오사무 / 오유리 옮김
　　　　37 위기의 여자 시몬 드 보부아르 / 손장순 옮김
●▽　　38 댈러웨이 부인 버지니아 울프 / 나영균 옮김
　　　　39 인간희극 윌리엄 사로얀 / 안정효 옮김
　　　　40 오 헨리 단편선 O. 헨리 / 이성호 옮김
　★　　41 말테의 수기 R. M. 릴케 / 박환덕 옮김
　　　　42 파비안 에리히 케스트너 / 전혜린 옮김
★▲▽　43 햄릿 윌리엄 셰익스피어 / 여석기 옮김
　　　　44 바라바 페르 라게르크비스트 / 한영환 옮김
　　　　45 토니오 크뢰거 토마스 만 / 강두식 옮김
　　　　46 첫사랑 이반 투르게네프 / 김학수 옮김
　　　　47 제3의 사나이 그레이엄 그린 / 안흥규 옮김
★▲▽　48 어둠의 속 조셉 콘래드 / 이덕형 옮김
　　　　49 싯다르타 헤르만 헤세 / 차경아 옮김
　　　　50 모파상 단편선 기 드 모파상 / 김동현 · 김사행 옮김
　　　　51 찰스 램 수필선 찰스 램 / 김기철 옮김
★▲▽　52 보바리 부인 귀스타브 플로베르 / 민희식 옮김
　　　　53 페터 카멘친트 헤르만 헤세 / 박종서 옮김
　★　　54 몽테뉴 수상록 몽테뉴 / 손우성 옮김
　　　　55 알퐁스 도데 단편선 알퐁스 도데 / 김사행 옮김
　　　　56 베이컨 수필집 프랜시스 베이컨 / 김길중 옮김
★▲　　57 인형의 집 헨리크 입센 / 안동민 옮김
　★　　58 소송 프란츠 카프카 / 김현성 옮김
★▲　　59 테스 토마스 하디 / 이종구 옮김
　★▽　60 리어왕 윌리엄 셰익스피어 / 이종구 옮김
　　　　61 라쇼몽 아쿠타가와 류노스케 / 김영식 옮김
▲▽　　62 프랑켄슈타인 메리 셸리 / 임종기 옮김
▲●▽　63 등대로 버지니아 울프 / 이숙자 옮김
　　　　64 명상록 마르쿠스 아우렐리우스 / 이덕형 옮김
　　　　65 가든 파티 캐서린 맨스필드 / 이덕형 옮김
　　　　66 투명인간 H. G. 웰스 / 임종기 옮김
　　　　67 게르트루트 헤르만 헤세 / 송영택 옮김
　　　　68 피가로의 결혼 보마르셰 / 민희식 옮김

(뒷면 계속)

★ 69 **팡세** 블레즈 파스칼 / 하동훈 옮김
70 **한국 단편 소설선** 김동인 외
71 **지킬 박사와 하이드** 로버트 L. 스티븐슨 / 김세미 옮김
▲ 72 **밤으로의 긴 여로** 유진 오닐 / 박윤정 옮김
★▲▽ 73 **허클베리 핀의 모험** 마크 트웨인 / 이덕형 옮김
74 **이선 프롬** 이디스 워튼 / 손영미 옮김
75 **크리스마스 캐럴** 찰스 디킨슨 / 김세미 옮김
★▲ 76 **파우스트** 요한 볼프강 폰 괴테 / 정경석 옮김
▲ 77 **야성의 부름** 잭 런던 / 임종기 옮김
★▲ 78 **고도를 기다리며** 사뮈엘 베케트 / 홍복유 옮김
★▲▽ 79 **걸리버 여행기** 조너선 스위프트 / 박용수 옮김
80 **톰 소여의 모험** 마크 트웨인 / 이덕형 옮김
★▲▽ 81 **오만과 편견** 제인 오스틴 / 박용수 옮김
★▽ 82 **오셀로 · 템페스트** 윌리엄 셰익스피어 / 오화섭 옮김
★ 83 **맥베스** 윌리엄 셰익스피어 / 이종구 옮김
▽ 84 **순수의 시대** 이디스 워튼 / 이미선 옮김
★ 85 **차라투스트라는 이렇게 말했다** 니체 / 황문수 옮김
★ 86 **그리스 로마 신화** 에디스 해밀턴 / 장왕록 옮김
87 **모로 박사의 섬** H. G. 웰스 / 한동훈 옮김
88 **유토피아** 토머스 모어 / 김남우 옮김
★▲ 89 **로빈슨 크루소** 대니얼 디포 / 이덕형 옮김
90 **자기만의 방** 버지니아 울프 / 정윤조 옮김
▲ 91 **월든** 헨리 D. 소로 / 이덕형 옮김
92 **나는 고양이로소이다** 나쓰메 소세키 / 김영식 옮김
★ 93 **폭풍의 언덕** 에밀리 브론테 / 이덕형 옮김
★▲ 94 **스완네 쪽으로** 마르셀 프루스트 / 김인환 옮김
★ 95 **이솝 우화** 이솝 / 이덕형 옮김
★ 96 **페스트** 알베르 카뮈 / 이휘영 옮김
▲ 97 **도리언 그레이의 초상** 오스카 와일드 / 임종기 옮김
98 **기러기** 모리 오가이 / 김영식 옮김
★▲ 99 **제인 에어 1** 샬럿 브론테 / 이덕형 옮김
★▲100 **제인 에어 2** 샬럿 브론테 / 이덕형 옮김
101 **방황** 루쉰 / 정석원 옮김
102 **타임머신** H. G. 웰스 / 임종기 옮김
●103 **보이지 않는 인간 1** 랠프 엘리슨 / 송무 옮김
●104 **보이지 않는 인간 2** 랠프 엘리슨 / 송무 옮김
▲105 **훌륭한 군인** 포드 매덕스 포드 / 손영미 옮김
106 **수레바퀴 아래서** 헤르만 헤세 / 송영택 옮김
▲107 **죄와 벌 1** 표도르 도스토옙스키 / 김학수 옮김
▲108 **죄와 벌 2** 표도르 도스토옙스키 / 김학수 옮김
109 **밤의 노예** 미셸 오스트 / 이재형 옮김
110 **바다여 바다여 1** 아이리스 머독 / 안정효 옮김
111 **바다여 바다여 2** 아이리스 머독 / 안정효 옮김
112 **부활 1** 레프 톨스토이 / 김학수 옮김
113 **부활 2** 레프 톨스토이 / 김학수 옮김
▲●114 **그들의 눈은 신을 보고 있었다**
조라 닐 허스턴 / 이미선 옮김
115 **약속** 프리드리히 뒤렌마트 / 차경아 옮김
116 **제니의 초상** 로버트 네이선 / 이덕희 옮김
117 **트로일러스와 크리세이드**
제프리 초서 / 김영남 옮김
118 **사람은 무엇으로 사는가**
레프 톨스토이 / 이순영 옮김
119 **전락** 알베르 카뮈 / 이휘영 옮김
120 **독일인의 사랑** 막스 뮐러 / 차경아 옮김
121 **릴케 단편선** R. M. 릴케 / 송영택 옮김
122 **이반 일리치의 죽음** 레프 톨스토이 / 이순영 옮김
123 **판사와 형리** F. 뒤렌마트 / 차경아 옮김
124 **보트 위의 세 남자** 제롬 K. 제롬 / 김이선 옮김
125 **자전거를 탄 세 남자** 제롬 K. 제롬 / 김이선 옮김
126 **사랑하는 하느님 이야기** R. M. 릴케 / 송영택 옮김
127 **그리스인 조르바** 니코스 카잔차키스 / 이재형 옮김
128 **여자 없는 남자들** 어니스트 헤밍웨이 / 이종인 옮김
129 **사양** 다자이 오사무 / 오유리 옮김
130 **슌킨 이야기** 다니자키 준이치로 / 김영식 옮김
131 **실종자** 프란츠 카프카 / 송경은 옮김
132 **시지프 신화** 알베르 카뮈 / 이가림 옮김
133 **장미의 기적** 장 주네 / 박형섭 옮김
134 **진주** 존 스타인벡 / 김승욱 옮김
135 **황야의 이리** 헤르만 헤세 / 장혜경 옮김